Harald Poelchau

Die letzten Stunden

Erinnerungen
eines Gefängnispfarrers
aufgezeichnet von
Graf Alexander Stenbock-Fermor

Verlag Volk und Welt
Berlin

ISBN 3-353-00096-8

3. Auflage 1987 (1. Auflage Ganzleinen)

Die Vorlagen für die Porträts wurden vom
Institut für Marxismus-Leninismus beim ZK der SED, Berlin,
zur Verfügung gestellt
L. N. 302, 410/180/87
Printed in the German Democratic Republic

Einbandentwurf: Ulrich Ewald
Lichtsatz: INTERDRUCK Graphischer Großbetrieb
Leipzig — III/18/97
Druck und Binden: LVZ-Druckerei »Hermann Duncker«,
Leipzig III/18/138
LSV 7002
Best.-Nr. 648 709 6

00700

Es gibt wohl Zeiten, die der Irrsinn lenkt.
Dann sind's die besten Köpfe, die man henkt.

Albrecht Haushofer
† 23. April 1945

Der Auftrag

Mein Weg ins Gefängnis war nicht gradlinig. An den Beruf eines Gefängnisgeistlichen hatte ich ursprünglich nicht gedacht.

Allerdings bin ich als Theologe erblich belastet. Meine Vorväter sind seit der Reformationszeit Geistliche. Dennoch wollte ich nicht Pfarrer werden. Schon während des Studiums befaßte ich mich mit sozialpädagogischer, sozialpolitischer und sozialistischer Literatur. Als Beruf schwebte mir irgendeine praktische soziale und politische Gestaltung vor. Wie eine Brieftaube, die lange kreist, ehe sie die Richtung findet, in der sie dann entschlossen davonfliegt, brauchte auch ich eine Weile, um meine Richtung zu finden. Im Laufe von zehn Jahren wurde mir allmählich klar, daß die Seelsorge im Gefängnis meine Aufgabe war.

Seit 1924 gehörte ich zu den Religiösen Sozialisten. Im Jahre 1927 legte ich das erste theologische Examen ab. Anschließend besuchte ich die Wohlfahrtsschule Karl Mennikkes, um Fürsorger zu werden. Den Abschluß bildete das Wohlfahrtsexamen am Sozialpolitischen Seminar der Hochschule für Politik in Berlin. Ich wurde Geschäftsführer der Deutschen Vereinigung für Jugendgerichte und Jugendgerichtshilfen und konnte mir ein Bild von der freien und behördlichen Sozialarbeit an Jugendlichen in Deutschland machen. Nach zwei Jahren ging ich als Assistent zu Paul Tillich nach Frankfurt a.M. und promovierte bei ihm mit einer Arbeit über »Das Menschenbild des Fürsorgerechts«.

Nun wollte ich Gefängnisfürsorger werden. Ich suchte eine Stellung bei meinem Freunde Albert Krebs in Untermaßfeld, Thüringen. Zunächst ging ich als Gast dorthin.

Es war ein kleines Zuchthaus mit dreihundert Insassen und drei Fürsorgern. Jeder hatte hundert Gefangene zu betreuen. So konnte jeder Fürsorger seine Leute gründlich kennenlernen, sie geistig beeinflussen, ihre kriminellen und menschlichen Eigenarten auf das genaueste studieren. Krebs ist ein Vorkämpfer des modernen Strafvollzugs. Er hatte als erster die Sonntagsspaziergänge eingeführt. Ohne uniformierte Beamte zogen die Fürsorger mit kleinen Gruppen durch die Rhön. Es ist nicht ein einziges Mal eine Entweichung vorgekommen. Die reaktionäre Presse schrie natürlich über diese »Humanitätsduselei«. Krebs ließ sich nicht beirren. Er wußte, daß man Menschen nur auf menschliche Art in die menschliche Gesellschaft zurückführen kann.

Meine Bewerbung schlug fehl. In Thüringen wollte man keinen Theologen als Fürsorger.

1931 verschärfte sich die politische Lage. Es bestand wenig Aussicht, als Fürsorger mit fortschrittlichen Prinzipien in Gefängnissen ungestört arbeiten zu können. Ich meldete mich rasch zum zweiten theologischen Examen in Berlin, bestand es 1932 und bewarb mich um eine Stellung als Gefängnispfarrer.

Am 1. April 1933 wurde ich als Gefängnispfarrer nach Tegel berufen.

Es war der rechte Augenblick. Das neue Regime räumte Thüringen aus, verjagte Albert Krebs aus Untermaßfeld und stellte die Fürsorger unter die Diktatur eines bewährten nationalsozialistischen Intriganten.

Als Gefängnispfarrer hatte ich größere Bewegungsfreiheit und mehr Selbständigkeit den neuen Machthabern gegenüber. Ich hatte mein Berufsziel erreicht.

Harald Poelchau (1933)

Gefängnispfarrer

Das Tegeler Gefängnis hat drei Häuser. In jedem Haus saßen fünf- bis sechshundert Gefangene. Für jedes Haus war eine evangelische Pfarrstelle vorgesehen. Die Pfarrer waren Beamte auf Lebenszeit. Ich konnte somit nicht mehr ohne weiteres entlassen werden.

Als neunundzwanzigjähriger Geistlicher stieß ich beim Strafvollzugspräsidenten auf Bedenken und Skepsis. Sie waren gegenüber einem so jungen Menschen im verantwortlichen Amt berechtigt. Auch ich hätte wahrscheinlich Schiffbruch erlitten, wenn mich nicht der Vorsteher meines Gefängnisses, Emil Schmidt, von Anfang an eingehend beraten hätte. Er war fast sechzig Jahre alt, bedeutend durch die Verbindung von Güte und nüchterner, in langer Erfahrung gereifter Methode der Menschenbehandlung. Er hielt auf lebendigen, menschlichen Strafvollzug und war nicht gewillt, sich in das schematische Joch der nationalsozialistischen Justiz zu schicken.

Unter seiner Leitung hatten wir noch bis 1935 einen Chor, der jeden Mittwochabend Volkslieder sang. Der Chorleiter, ein Gefangener, war ein junger, begabter Berufsmusiker. Die Lieder wurden in der Abenddämmerung gesungen. Das Gefängnis ist panoptisch gebaut, vier Flügel um eine Zentrale herum, vier vierstöckige Korridore, ohne Decken und Böden dazwischen. Wenn der Chor von der Zentrale aus sang, war die Wirkung groß. Der Ton drang bis in die letzte Zelle. So war es auch am Heiligen Abend. Ich hielt die Weihnachtsansprache von der Zentrale aus. Das ganze Haus hörte meine Stimme, ohne daß ich laut sprach. Und ich begriff, wieviel die Musik dazu beitragen kann, die seelischen Kräfte der Gefangenen zu wecken und zu entwickeln.

Im Frühjahr 1933 hatte ich es noch ausschließlich mit kriminellen Gefangenen zu tun. Im Sommer 1933 kamen dann viele politische. Diese ersten Funktionäre der antifaschistischen Opposition wurden nicht zu Zuchthaus verurteilt, sie erhielten noch »milde« Strafen, durchschnittlich zwei Jahre Gefängnis.

Es waren SPD- und KPD-Funktionäre. Ein ganz anderer Menschenschlag als die kriminell Verurteilten. Nicht sentimentale, haltlose, devote und berechnende Menschen, sondern aufrechte Männer mit normalen sozialen und familiären Bindungen und vielseitigen Interessen.

Schmidt und ich überlegten, wie wir die Zeit für sie sinnvoll ausgestalten könnten. Sie waren meist aus der Kirche ausgetreten, daher konnte ich schlecht an sie heran. Ich erfand einen »Religionsunterricht nur für Dissidenten«. Mein Vorsteher Schmidt war einverstanden. Wir diskutierten bei diesem Unterricht über soziologische und allgemein menschliche Fragen und berührten auch religiöse Probleme. Ich konnte auf solche Art den Politischen viele Anregungen vermitteln.

Später ließ das Niveau unserer Diskussionen nach. Die Führenden kamen nicht mehr ins Gefängnis, sondern gleich ins Zuchthaus oder ins Konzentrationslager. Einen Teil meiner Freunde von Tegel fand ich später im Zuchthaus Brandenburg wieder.

Meine Arbeit als Gefängnispfarrer bestand im wesentlichen in Einzelbesuchen und Predigten. Die Predigten nahm ich sehr ernst, und doch hatte ich oft das unbefriedigende Gefühl, es genügte nicht, es würde nicht so gesagt, wie es gesagt werden müßte. Zu meinen Gottesdiensten kamen fast alle Gefangenen, auch die politischen, die wußten, daß da keine Hitlerverehrung betrieben wurde. Man reagierte empfindlich, wenn politische Dinge in den Gottesdienst verflochten wurden. Aber zu den großen Menschheits- und Rechtsfragen habe ich in jenen Predigten deutlich Stellung genommen. Natürlich bemühte ich mich, mich so auszudrücken, daß kein Gestapospitzel meine Worte festnageln konnte.

An den Wochentagen versuchte ich, mit den einzelnen Zelleninsassen in menschliche Beziehungen zu treten. Es gab oft lange und wertvolle Aussprachen. Ich konnte auch regelmäßige Sprechstunden abhalten. Häufig kamen die Gefangenen mit den persönlichsten Anliegen zu mir. So sollte ich zum Beispiel schwierige Eheverhältnisse regeln. Ich mußte Briefe an die Angehörigen schreiben, Eigentum sicherstellen, für die Entlassenen Kleidung, Arbeit und Unterkunft beschaffen und vieles andere mehr.

Später kam die Seelsorge für die zum Tode Verurteilten hinzu. Sie wurde meine Hauptaufgabe.

Tegel war meine »Mutteranstalt«. Ich gehörte ihr als Beamter bis zum Zusammenbruch 1945 an. Doch hatte ich auch in anderen Gefängnissen zu tun, so in Plötzensee, als der dortige Pfarrer im Kriege eingezogen wurde. In Plötzensee waren Zuchthaus-, Gefängnis- und Untersuchungsgefangene untergebracht. Als 1944 der Pfarrer von Brandenburg-Görden erkrankte, kam ich zu den Hinrichtungen auch nach Brandenburg.

Der Krieg brachte eine starke Erweiterung meiner Pflichten durch die vielen verurteilten Wehrmachtsangehörigen. Zunächst bestand ein kleines Wehrmachtsgefängnis in Plötzensee. Ich konnte von meiner zivilen Abteilung aus feststellen, daß für diese Militärgefangenen nicht recht gesorgt wurde. Ich wandte mich an den Standortpfarrer und den Feldbischof. Daraufhin übergab man mir die Betreuung. Das war der Anfang einer neuen, umfassenden Arbeit.

Ich mußte mir dabei grundsätzlich über die Frage der Kriegsdienstverweigerung klarwerden. Ein früherer Marineoffizier, Hermann Stöhr, weigerte sich, Kriegsdienst zu tun. Er hatte sein Leben der Versöhnung der Völker gewidmet und einen eigenen ökumenischen (überkonfessionellen) Verlag gegründet unter dem Motto: »Ut omnes unum sint.« Es war der erste bekannte Fall der Kriegsdienstverweigerung aus kirchlichen Kreisen. Das Reichskriegsgericht machte alle Anstrengungen, um Hermann Stöhr von seinem Entschluß abzubringen. Er blieb seiner Sache treu und wurde – nach langen, sich wiederholenden Verhandlungen – am 21. Juni 1940 hingerichtet. Sein Grab auf dem Johannesfriedhof an der Seestraße im Berliner Norden ist zu einer Weihestätte für die Freunde des Friedens geworden.

Bald wurde eine große Zahl von Bibelforschern eingeliefert. Sie hatten nicht nur den Kriegsdienst, sondern auch den Eid um ihres Gewissens willen verweigert.

Für mich war die Kriegsdienstverweigerung auch ein theologisches Problem. Ich nahm in einem Gutachten dazu Stellung. Ich vertrat die Meinung, Kriegsdienstverweigerung, wenn sie aus Gewissensgründen, nicht aus Feigheit geschah, müsse straffrei bleiben. Das Angebot der Kriegsdienstverweigerer, Sanitäts- oder anderen Arbeitsdienst zu leisten, dürfe als vollwertiger Ersatz für den Kriegsdienst gelten. Auch die Gefangenen kannten meine Einstellung. Die nationalsozialistische Justiz nahm selbstverständlich keine Rücksicht darauf.

Das Wehrmachtsgefängnis wurde später von Plötzensee nach Tegel verlegt. Gegen Ende des Krieges gab es eine Haupt- und drei Zweigstellen: Lehrter Straße 61, Lehrter Straße 3, Tegel und Spandau. Ich bekam Hilfe durch nebenamtliche Geistliche.

1944 übernahm ich noch die Frauenabteilung Moabit. Es war für mich wichtig, Zugang dorthin zu haben. In Moabit saßen die Frauen der in den Wehrmachtsgefängnissen und in Tegel Inhaftierten. Ich hatte so die beste Möglichkeit, unbemerkt und unmittelbar zwischen den Angehörigen zu vermitteln.

So spielte sich meine Arbeit als Gefängnispfarrer in den Jahren des »Dritten Reiches« zwischen Tegel, Plötzensee, Moabit, den Wehrmachtsgefängnissen und dem Zuchthaus Brandenburg-Görden ab. Ich kam mit vielen Angehörigen der deutschen und ausländischen Widerstandsbewegung in Berührung, insbesondere mit Angehörigen der holländischen Stijkel-Gruppe, der norwegischen Gruppe Alvaer, der deutschen

»Roten Kapelle« und den Teilnehmern des 20. Juli. Ich durfte ihnen während ihrer langen Untersuchungshaft und in den letzten Stunden beistehen. Ich wurde Zeuge von etwa tausend Hinrichtungen.

Der Auftakt

Ich war kaum ein Jahr in der Gefängnisarbeit, da rief mich am 16. April 1934 der Oberpfarrer Klatt und »erste Hofgerichtsprediger«, wie er sich nannte, in Moabit an. »Hofgericht« war eine Umbildung des alten Wortes Hochgericht. Mir wurde mitgeteilt, ich solle morgen, am 17. April, eine Hinrichtung »wahrnehmen«.

Ich erschrak tief und stammelte am Telefon nur rasch, wie ich eigentlich zu dieser zweifelhaften Ehre käme. Ich sei doch bei weitem der jüngste der sieben Geistlichen! Zuständig wäre, nach meiner Meinung, der Pfarrer, der den Verurteilten während der Zeit der Untersuchungshaft kennengelernt habe. Ich aber hätte den Mann bisher nicht betreut und weigere mich entschieden!

Es gab einen erregten Wortwechsel. Ich erklärte schließlich, daß ich nur auf offiziellen Befehl der Justizbehörde hingehen würde.

Hinrichtungen waren ja in jener Zeit nicht die Regel, sondern seltene Ausnahmen. Ich empfand es als unbillig, daß diese erste Hinrichtung seit langer Zeit ausgerechnet mir, dem jüngsten Geistlichen, zugemutet wurde.

Doch bereits zehn Minuten später schrillte das Telefon erneut. Ich wurde zum Anstaltsleiter befohlen. Inzwischen hatte der Oberpfarrer Klatt dem Kammergericht von meiner Weigerung Kenntnis gegeben. Der Befehl des Strafvollzugspräsidenten war soeben telefonisch bei meiner Dienststelle eingegangen.

Ich mußte gehorchen. Ich hatte keine Vorstellung von meiner Aufgabe und kannte auch den Menschen, den ich zu betreuen hatte, nicht. Es war mir nur gesagt worden, daß ich mich abends um sechs Uhr einzufinden hätte. Mit Bibel und Gesangbuch, Talar und Abendmahlsgeräten ausgerüstet, erschien ich rechtzeitig zur Verkündung der Vollstreckung durch einen Vertreter der Staatsanwaltschaft im Gefängnis Plötzensee.

Es handelte sich um die berüchtigten BVG-Verbrecher, die im Jahre 1932 den BVG-Oberinspektor Meier bei einem Geldtransport zum Charlottenburger Rathaus erschossen und beraubt hatten. Am 17. April sollten vier von ihnen hingerichtet werden. Da für jeden ein Geistlicher bestimmt worden war, war ich wenigstens nicht allein und konnte immer wieder um Rat fragen.

Den mir anvertrauten Willi K., einen Kraftwagenführer aus Berlin, geboren 1909, werde ich schwerlich vergessen. Er war noch unausgereift, ziemlich primitiv, untersetzt, klein und kräftig. Er befand sich schon sehr lange in Haft und hatte wohl bis zuletzt gehofft, begnadigt zu werden. Nun war er von der Verkündung der Vollstreckung sehr betroffen. Meinen Besuch nahm er dankbar auf.

Mit der besonderen Fähigkeit, die solchen Naturen eigen ist, sich mit allen Lagen abzufinden, fand er sich auch mit dieser ab. Er überlegte kurz und meinte dann, ein rascher Tod sei für ihn wohl doch besser als eine lebenslängliche Zuchthausstrafe.

Er entsprach gewiß nicht der landläufigen Vorstellung von einem »Mörder«. Willi K. war ein Mensch mit starken inneren Bindungen. Das ging aus seinen Abschiedsbriefen deutlich hervor, das bestätigte mir auch ein späterer Besuch bei der Familie. Aber welche Gemütsruhe oder besser Abgestumpftheit gehörte dazu, diese letzte Nacht so zuzubringen, wie er es tat: nachdem er gegessen hatte, legte er sich auf seine Pritsche und schlief einige Stunden …

Religiösem Zuspruch war er wenig zugänglich. Sein Gemüt war zu stark auf Besitztrieb und primitive Lebensgier eingestellt.

Die Hinrichtung dieser vier erfolgte noch mit dem Handbeil. Als ich zur Richtstätte kam, war bereits zehn Minuten vorher eine Enthauptung vollzogen worden. Ich sah mit Grausen die frischen Blutspuren auf den Steinen.

Auf dem Gefängnishof stand ein Altar mit Kerzen und einem Kruzifix. Es war sechs Uhr früh, kühl, die Kerzen flakkerten im Morgenwind.

Vor dem Altar standen ein Vertreter des Gerichtes in Richtertalar und zwei Beisitzer. Der Anstaltsdirektor und der Anstaltsarzt waren zugegen. Der leitende Scharfrichter im schwarzen Cut und die Henkersknechte in schwarzen Anzügen hielten sich bereit.

Willi K. wurde von zwei Beamten vorgeführt. Er war mit Hose und Holzpantoffeln bekleidet, über seinen nackten Oberkörper hatte man eine Jacke geworfen, die Hände waren auf dem Rücken gefesselt.

Er hielt sich gut, obgleich die Verlesung des Urteils durch den aufgeregten und unsicheren Gerichtsvertreter langsam und stockend vor sich ging. Dann wurde der Verurteilte von den Wachtmeistern dem Scharfrichter übergeben.

Die Henkersknechte warfen ihn blitzschnell zu Boden, drückten ihn über den Block, und der Scharfrichter enthauptete ihn mit dem Handbeil.

Ich sah nicht hin. Eine starke Übelkeit überfiel mich. Der Geistliche aus Plötzensee nahm sich meiner an. Nur langsam konnte ich mich bei ihm erholen.

Dann brach ich auf, um die Mutter des Hingerichteten aufzusuchen. Ich hatte es ihm versprochen.

Ich fuhr — noch ganz benommen — mit der ersten Straßenbahn nach Neukölln. Ich erinnere mich noch genau an jenen Besuch.

In der Wohnküche im vierten Stock drohte mich eine Riesendogge zu zerfleischen. Als sie endlich notdürftig gebändigt war, konnte ich mit der Frau reden und ihr vom Schicksal ihres Sohnes berichten. Aber nun wollte sie sich aus dem Fenster stürzen. Ich mußte die Frau festhalten und zugleich die Dogge abwehren, die mich wieder wütend angriff. In kurzer Zeit sah ich mich umringt von vielen neugierigen Nachbarn, die aus allen Wohnungen dieses dritten Hinterhauses herbeigeströmt waren.

Später habe ich gelernt, solche Situationen zu vermeiden. Ich bestellte die Angehörigen zu mir und konnte mit ihnen in ruhiger Weise sprechen.

Vollkommen erschöpft kam ich einige Stunden später in meiner Wohnung an ...

Wenn man mir damals gesagt hätte, dies sei nur der Auftakt für eine ungeheure Zahl von Hinrichtungen — ich hätte wahrscheinlich versagt und mein Amt niedergelegt.

Das Mordregister

Vor mir liegt das Mordregister des Justizministeriums. Es ist ein amtliches Dokument, eine Sammlung von Aufzeichnungen über alle im deutschen Reichsgebiet gefällten und vollstreckten Todesurteile. Es hat drei Spalten: Verurteilungen, Begnadigungen, Hinrichtungen. Da ursprünglich Todesurteile nur wegen Mordes verhängt werden durften, pflegte man dieses Register einfach das »Mordregister« zu nennen. Unter der Herrschaft Hitlers bürgerte sich die Todesstrafe sehr schnell auch für andere »Delikte« ein. So wurde aus dem Register der Mörder das Register der Justizmorde.

Die illegalen Morde in den Konzentrationslagern und anderswo sind in diesem Mordregister nicht verzeichnet.

Was erzählt uns das Mordregister? Die ersten Jahre des

»Tausendjährigen Reiches« finden hier kaum einen Niederschlag. Die Todesurteile bewegen sich, verglichen mit den Ziffern der Kriegsjahre, in mäßigen Grenzen. Im Jahre 1934 sind 53 Todesurteile im Reichsgebiet registriert. Im Jahre 1935: 97; 1936: 81; 1937: 85; 1938: 99; 1939: 215. Die Hinrichtungen haben nur zum Teil in Plötzensee stattgefunden. Ich kann daher nur wenig aus eigener Erfahrung zu diesen Fällen sagen.

Der erste Mann, der aus politischen Gründen hingerichtet wurde, war der sechsundzwanzig Jahre alte Arbeiter Richard Hüttig, geboren am 18. März 1908 in Bottendorf. Das Mordregister meldet:

»Hüttig, der seit 1928 verschiedenen kommunistischen Organisationen angehört hatte und selbst seit dem Jahre 1932 Führer der Häuserschutzstaffel Lange war, überfiel zusammen mit Mitgliedern seiner Staffel am späten Abend des 17. Februar 1933 die beiden SS-Männer von der Ahé und Pette. An dem Überfall, bei dem Hüttig eine führende Rolle spielte, wirkten auch bewaffnete Gesinnungsgenossen mit.«

Es war in Wahrheit ein reiner Justizmord. Der erwähnte Zusammenstoß erfolgte bei einer »Strafexpedition« der SA gegen Antifaschisten in Charlottenburg. Die Kommunisten verteidigten sich ohne Schußwaffen. Die SA feuerte Schüsse ab. Wahrscheinlich war es die verirrte Kugel des SA-Mannes Amor, die Ahé tötete. Der Staatsanwalt Dombrowski erklärte beim Prozeß vor dem Sondergericht:

»... Daß von der Ahé durch Hüttig erschossen wurde, hat das Gericht nicht als erwiesen angesehen. Nachdem von der Ahé niedergeschlagen war, richtete er sich noch einmal auf und hat stehend auf eine nicht geklärte Weise den Todesschuß erhalten. Der Anführer verdient aber die härteste Strafe, die das Gesetz kennt ...«

In der Urteilsbegründung führte dann der Vorsitzende, Landgerichtsdirektor Rehm, aus: »Die Feststellungen des Gerichts wurden dadurch erschwert, daß das Gericht den belastenden Aussagen der Mitangeklagten gegen Hüttig nicht unbedingt folgen konnte. Bei den Zeugenaussagen aber war zu berücksichtigen, daß seit Begehung der Tat fast ein Jahr verflossen ist und alle Zeugen sich damals in großer Erregung befanden. Schließlich haben sich die Vorfälle in der Nacht bei schlechter Beleuchtung abgespielt. Daher gingen die Zeugenaussagen in vielen Punkten erheblich auseinander. Das Gericht ist jedoch nicht zu der Überzeugung gelangt, daß Hüttig den tödlichen Schuß auf Ahé abgegeben hat. Wer den Todesschuß abgefeuert hat, hat sich nicht einwandfrei feststellen lassen. Festgestellt sei aber, daß Hüttig schweren Landfriedensbruch begangen und gegen die Verordnung zum Schutz von Volk und Staat gehandelt hat, und zwar als Rädelsführer. Daneben hat er sich des versuchten Mordes schuldig gemacht.«

Selbst der »Völkische Beobachter« vom 17. Februar 1934 schrieb: »Es konnte nicht einwandfrei festgestellt werden, daß Hüttig, beziehungsweise wer überhaupt den Schuß abgegeben hat. Hüttig hat jedoch die Kugel gegossen, die das Leben Ahés vernichtete, unbeschadet des Umstandes, aus welchem Lauf sie kam.«

Richard Hüttig wurde am 16. Februar 1934 wegen »schweren Landfriedensbruchs in Tateinheit mit versuchtem Mord« zum Tode und zum dauernden Verlust der bürgerlichen Ehrenrechte verurteilt und am 14. Juni 1934 mit dem Handbeil im Hofe des Strafgefängnisses Plötzensee enthauptet. (Jan Petersen hat in seinem Buch »Unsere Straße«, Dietz-Verlag, Berlin, Hüttig ein Denkmal gesetzt.)

Wegen »Vorbereitung eines hochverräterischen Unternehmens« — und zwar ausschließlich wegen dieses Vergehens — wurden Adolf Rembte und Robert Stamm hingerichtet. Zum erstenmal genügte bei einer Verurteilung zum Tode die »Vorbereitung zum Hochverrat«, ohne daß der Tatbestand des »Landesverrats« einbezogen wurde. Rembte und Stamm waren bewußte politische Kämpfer. Sie waren Parteifunktionäre, doch fehlte ihnen die technische Glätte und Routine, die man oft bei diesen findet.

Adolf Rembte wurde am 21. Juli 1902 in Kirchsteinbig, Kreis Stormarn in Schleswig-Holstein, geboren. Er war ein kleiner, gedrungener, stämmiger Mann, klug, zurückhaltend und doch herzlich, nachdem er einmal zu mir Vertrauen gefaßt hatte.

Das Mordregister (gez. Toebert) schreibt unter Nr. 38 am 18. November 1937 über ihn:

»Rembte ist vom Juni bis November 1933 Bezirksleiter der KPD Halle-Merseburg, bis Mai 1934 in Düsseldorf und bis zu seiner Festnahme am 27. März 1935 Mitglied der höchsten Inlandsinstanz der KPD, der Landesleitung, gewesen. Er war zweimal wegen Hochverrats vorbestraft.«

Robert Stamm, geboren am 16. Juli 1900 in Remscheid, hatte ein inniges Verhältnis zu seinem Vater. Ich suchte den alten Mann 1943 auf und unterhielt mich lange mit ihm. Er besaß ein eigenes Häuschen in Ronsdorf bei Elberfeld und war Bandweber. Trotz seines hohen Alters war seine Haltung unbeugsam und klar, und er war zu keiner Versöhnung mit Hitler bereit. Der alte Stamm erschien mir als der Typ des ergrauten Gewerkschaftlers aus der sozialdemokratischen Kampfzeit vor dem ersten Weltkrieg.

Über Robert Stamm berichtet das Mordregister Nr. 39 folgendes: »Stamm hat 1933 eine Funktion als Politischer Leiter des Bezirks Bremen der KPD ausgeübt und ist im Mai/Juni 1933 Instrukteur der Bezirksleitung Hannover und vom März bis Oktober 1934 Politischer Leiter des Bezirks Schwerin-Brandenburg gewesen. Später ist er nach Moskau gefahren und im März 1935 nach Berlin mit dem Auftrag zurückgekehrt, die Berliner KPD im Sinne der neuen Einheitsfrontbestrebungen auszurichten und für den bevorstehenden siebenten Weltkongreß Material zu sammeln. Am 27. März 1935 ist er festgenommen worden.«

Stamm und Rembte hatten eine lange, fast dreijährige Untersuchungshaft zu erdulden. Sie waren abgemagert und bleich.

Neben dem stämmigen Rembte wirkte Stamm groß und sportlich. Er war von großer Wärme und tiefer Teilnahme an allen Dingen des persönlichen Lebens. Seine Frau lebte damals in Paris, dann in Kopenhagen. Es war ihr gelungen, Nachrichten nach Berlin hereinzuschmuggeln, die ihren Mann auch richtig erreichten, ich kann nicht mehr sagen, ob legal oder illegal, ich weiß nur, wie sehr sie ihn freuten und wie bedeutsam es für die Frau war – wie sie mir später erzählte –, daß es auch ihm gelang, über mich Nachrichten an sie zu vermitteln.

Die Überzeugungstreue und die freundliche, menschliche Art von Stamm und Rembte in der langen Zeit ihrer Haft machten einen starken Eindruck auf die Mitgefangenen und auf die Beamten. Ich erinnere mich, daß die Hinrichtung der beiden Männer die älteren Beamten zum Nachdenken zwang. Sie äußerten zum erstenmal mir gegenüber Kritik am Regime.

Adolf Rembte und Robert Stamm wurden im Morgengrauen des 4. November 1937 auf dem Hof im Gefängnis Plötzensee enthauptet ...

In diesem Zusammenhang sei an das Todesurteil gegen Edgar André, den früheren Hafenarbeiter in Hamburg, geboren am 17. Januar 1894 in Aachen, erinnert. Das Urteil wurde am 4. November 1936 in Hamburg vollstreckt. André habe ich nicht gekannt. Doch hörte ich von allen Seiten, daß sein Tod in der deutschen Arbeiterbewegung Erbitterung und Widerstandswillen ausgelöst hat. Auch in der übrigen Welt: in Paris, Prag, London, Zürich, Brüssel, Stockholm und Amsterdam wurde das Andenken Andrés geehrt. Ich zitiere einen Auszug aus dem Mordregister. Dort ist unter dem 15. Januar 1937 eingetragen:

»André ist als Leiter des illegalen Rotfrontkämpferbundes, Gau Wasserkante, für die am 7. September 1930 in Hamburg-Altona und am 26. Januar 1931 in Geesthacht durch den RFB unter seiner Führung erfolgten Ausschreitungen verantwortlich. Am 7. September 1930 wurde der SA-Gruppenführer

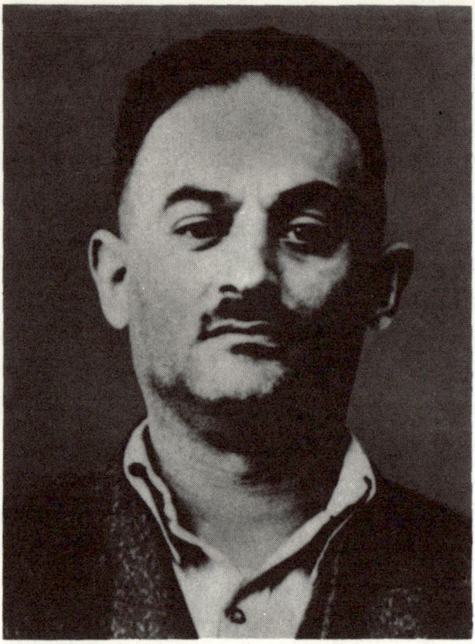

Edgar André

Heinrich Freckmann getötet. Bei beiden Ausschreitungen wurden mehrere Personen verletzt.«

Auch in diesem Falle handelte es sich nicht um ein Rechtsurteil, sondern um einen Racheakt, einen politischen Justizmord.

Edgar André wurde am 4. März 1933 auf der Bahnstrecke Harburg-Wilhelmsburg von Altonaer SS und SA verhaftet. Er kam in Einzelhaft und strengste Isolierung. Die Hamburger Gerichtsverhandlung gegen ihn begann am 4. Mai 1936. Die schweren Mißhandlungen hatten André nicht gebrochen. Er verteidigte sich kühn und scharf. Der Staatsanwalt konnte die André zur Last gelegten Taten nicht beweisen.

In seinem Schlußwort sagte André mit erhobener Stimme: »Man wirft mir Rädelsführerschaft vor und will mich für Taten verantwortlich machen, die ich nicht begangen habe ... Meine Herren, wenn der Oberstaatsanwalt auch Ehrverlust beantragt hat, so erkläre ich hier: Ihre Ehre ist nicht meine Ehre, und meine Ehre ist nicht Ihre Ehre. Denn uns trennen Weltanschauungen, uns trennen Klassen, uns trennt eine tiefe Kluft. Sollten Sie hier das Unmögliche möglich machen und einen unschuldigen Kämpfer zum Richtblock bringen, so bin ich bereit, diesen schweren Gang zu gehen. Ich will keine Gnade! Als Kämpfer habe ich gelebt, und als Kämpfer werde ich sterben mit den letzten Worten: ›Es lebe der Kommunismus!‹ «

Das Gericht brauchte immerhin acht Tage, um sich schlüssig zu werden. Erst auf Druck aus Berlin wurde das vorgeschriebene Todesurteil am 8. Juli 1936 gefällt.

Den letzten Brief an seine Frau schrieb André in der Morgendämmerung seines Todestages:

»Hamburg, den 4. November 1936, 3.45 morgens.

Allerliebste und allertreueste Mutti!

Vielen Dank noch für Deine letzten Grüße aus Paris, und nun mein Brief, der allerletzte, den ich überhaupt schreibe. Ich weiß leider nicht Deine Adresse, aber der Rechtsanwalt de Bock aus Brüssel wird Dich schon zu finden wissen.

Alles, was ich denke und fühle, weißt Du; deshalb will ich auch nur diese wenigen kurzen Sätze schreiben. Daß ich bis zu Ende der alte bleibe, weißt Du; nur eins will ich noch tun, Dir danken für die 10 schönen Jahre, ja auch die Jahre, die ich hier verbracht habe. Stets hast Du mir, einer Heldin gleich, treu, tapfer und mutig zur Seite gestanden, und Dir habe ich meistens zu verdanken, daß ich bis zur letzten Stunde gerade und tapfer bleibe.

Jeden erreicht das Schicksal; den einen so, den anderen anders, den einen früher, den anderen später. Mein Wunsch ist es, daß Du keine Trübsal bläst, suche und finde einen treuen und tapferen Menschen, der weiterhin Dir Stütze und Freund sein soll. Du sollst keine ewige Witwe bleiben, bis zuletzt weiß ich, daß Du oft und gern an Deinen alten Freund und treuen Kameraden denken wirst, und als Dritter im Bunde wird wohl manchmal auch Ajax im Kreis Deiner Gedanken sich befinden.

Die letzte Nacht bleibt Dr. Grisebach bei mir, ich habe tüchtig gegessen, und treu meinen Prinzipien bin ich auch die letzte Nacht bei Selterswasser und Kaffee geblieben. Bis zum Ende bleibe ich ein ehrlicher Kerl, habe mich bis zuletzt verteidigt und kehre ins Nichts zurück, ohne irgendwelche Gewissensbisse.

Lebe wohl, liebe, treue, tapfere und gute Mutti! Viele herzlichste und treueste Küsse! Grüße meine Pariser Freunde!

Meine letzten Gedanken sind bei Dir. Warum noch viel darüber schreiben, Du weißt, daß nur eins noch über Dir stand. Von Menschen aber bist Du mir das Höchste gewesen.

Lebe wohl, glücklich, lange und froh.

Noch einmal drücke ich Dich fest ans Herz, meine Augen auf Deinem vor mir liegenden Bild.

Bis zuletzt Dein Edie.«

(Andrés Frau, Martha Berg-André, schrieb eine Broschüre: »Edgar André, mein Mann und Kampfgefährte«, Editions universelles, Paris.)

Mit der Röhm-Revolte am 30. Juni 1934 hat die Justiz nichts zu tun gehabt. Reichsjustizminister Gürtner hatte lediglich die vollbrachten Verbrechen nachträglich gutzuheißen.

Die eigentliche Hinrichtungswelle begann mit dem Krieg. Nach der von mir zusammengestellten Statistik sind von 1933 bis 1944 (das Jahr 1945 ist nicht erfaßt) 13 405 Todesurteile gefällt und 11 881 nachweislich vollzogen worden. In Brandenburg-Görden allein wurden 2 032 Menschen hingerichtet, in Plötzensee etwa 1 800 Menschen.

Die Guillotine

Es gab damals drei Scharfrichter in Deutschland: Reichhart aus München, Reindel aus Magdeburg und Röttger aus Berlin. Röttger wohnte in der Waldstraße in Moabit und hatte nebenbei ein großes Fuhrgeschäft. Er wirkte im Umgang wie ein »besserer Herr«. Sonst stammten die Scharfrichter gewöhnlich aus dem Fleischerhandwerk. Ihre Henkersknechte waren Fleischergesellen, die normalerweise nach dem Abgang ihres Scharfrichtermeisters in das Scharfrichteramt hineinwuchsen. Als die Hinrichtungen zunahmen, waren die Scharfrichter weder zeitlich in der Lage noch finanziell genötigt, einen anderen Beruf neben ihrem Hauptberuf auszuüben. Sie wurden gut bezahlt. Für jede Hinrichtung erhielt, wie ich erfuhr, der Scharfrichter 300 Mark, die Gesellen je 50 Mark. Außerdem gab es oft noch Sonderzuteilungen.

Der »erfolgreichste« Scharfrichter war Röttger, auf sein Konto kommt mehr als das Doppelte der Hinrichtungen Reindels und Reichharts.

Nach Plötzensee fuhr meistens der Magdeburger Reindel, wenn er verhindert war — der Münchener Reichhart. Sie kamen im eigenen Wagen, begleitet von vier bis sechs Gesellen. Neben ihnen fungierten später noch die Scharfrichter Köster, Ulitzka, Weiß, Hehr und Roselieb. Sie hatten, nach der nationalsozialistischen Auffassung, eine wichtige, ehrenvolle und staatserhaltende Mission zu erfüllen. In einem Beschluß des Landgerichts Magdeburg vom 27. November 1933 (6T 399/33) heißt es über den Stand der Scharfrichter:

»Der Scharfrichter wirkt bei der Ausübung desjenigen Hoheitsaktes des Staates hervorragend mit, der nach außen hin den nachhaltigsten Eindruck macht. Der Scharfrichter soll durch die Geldleistungen des Staates in einer Weise abgegolten werden, die eine würdige Vergütung für höchst persönliche Dienste darstellt, damit er das Bewußtsein hat, daß seine

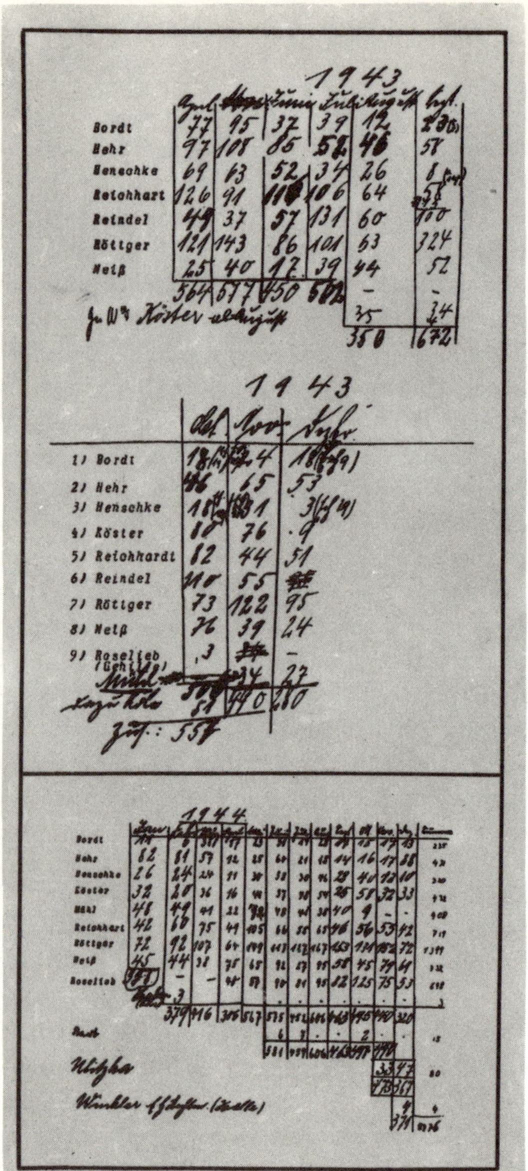

	1943 Apl.	Mai	Juni	Juli	August	Sept.
Bordt	77	95	37	39	12	230
Hehr	97	108	85	52	46	58
Henschke	69	63	52	34	26	8
Reichhart	126	91	[illegible]	106	64	58
Reindel	49	37	57	131	60	100
Röttiger	121	143	86	101	53	324
Weiß	25	40	17	39	44	52
	564	577	450	502	–	–
zu W. Köster [illegible]					35	34
					350	672

	1943 Okt.	Nov.	Dez.
1) Bordt	18	4	16
2) Hehr	[illegible]	65	53
3) Henschke	18	[illegible]	3
4) Köster	10	76	9
5) Reichhardt	82	44	51
6) Reindel	110	55	[illegible]
7) Rötiger	73	122	95
8) Weiß	76	39	24
9) Roselieb (Gehilfe)	3	[illegible]	–
Mühl		34	27
	[illegible]	440	280
dazu Köster	81		
Zus.: 557			

1944	Jan.	Febr.	März	April	Mai	Juni	Juli	Aug.	Sept.	Okt.	Nov.	Dez.	Summe
Bordt	[illegible]	8	[illegible]	[illegible]	[illegible]	[illegible]	[illegible]	[illegible]	[illegible]	[illegible]	17	13	[illegible]
Hehr	82	81	57	92	25	60	21	15	14	16	17	18	[illegible]
Henschke	26	24	24	[illegible]	30	58	30	[illegible]	28	40	12	10	[illegible]
Köster	32	20	36	16	[illegible]	37	[illegible]	[illegible]	25	58	32	33	[illegible]
Mühl	48	49	41	22	[illegible]	48	[illegible]	38	40	4	–	·	[illegible]
Reichhart	42	60	75	49	105	66	55	65	96	56	53	42	[illegible]
Röttiger	72	92	107	64	[illegible]	[illegible]	[illegible]	[illegible]	[illegible]	[illegible]	[illegible]	72	[illegible]
Weiß	45	44	38	75	65	92	[illegible]	95	58	45	79	64	[illegible]
Roselieb	[illegible]	–	–	[illegible]	[illegible]	[illegible]	[illegible]	95	82	125	75	55	[illegible]
[illegible]		3											
	379	416	305	567	575	[illegible]	[illegible]	[illegible]	[illegible]	[illegible]	320		
[illegible]						6	7	·	·	2	·	·	[illegible]
						581	[illegible]	[illegible]	[illegible]	[illegible]	[illegible]		
[illegible]											33	47	80
											[illegible]	367	
Winkler [illegible]												4	4
												371	[illegible]

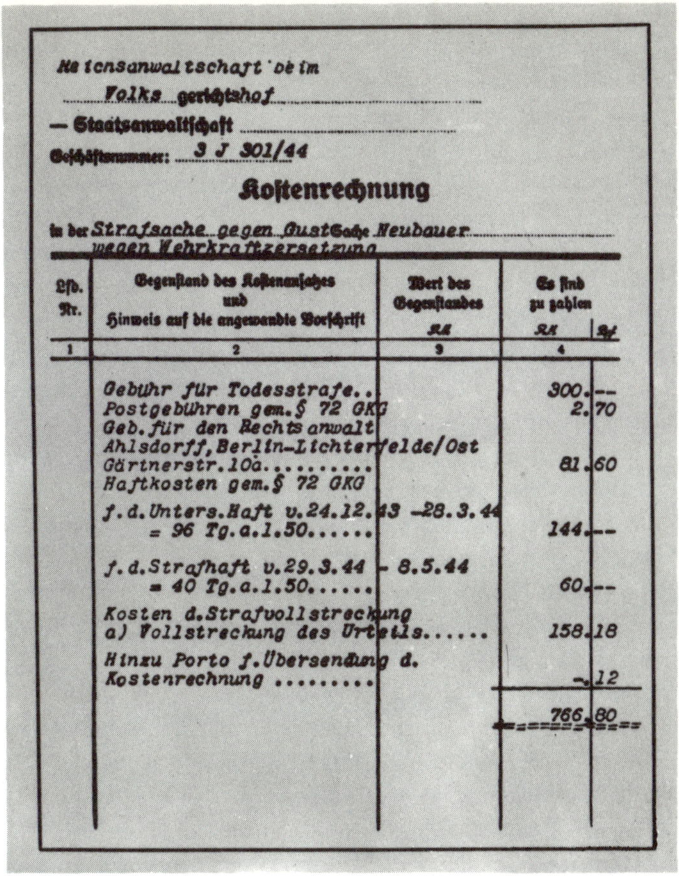

Reichsanwaltschaft beim

Volks gerichtshof

— Staatsanwaltschaft

Geschäftsnummer: 3 J 301/44

Kostenrechnung

in der Strafsache gegen Gustav Neubauer
wegen Wehrkraftzersetzung

Lfd. Nr.	Gegenstand des Kostenansatzes und Hinweis auf die angewandte Vorschrift	Wert des Gegenstandes RM	Es sind zu zahlen RM	Rpf
1	2	3	4	
	Gebühr für Todesstrafe..		300.	--
	Postgebühren gem. § 72 GKG		2.	70
	Geb. für den Rechtsanwalt Ahlsdorff, Berlin-Lichterfelde/Ost Gärtnerstr. 10a..........		81.	60
	Haftkosten gem. § 72 GKG			
	f. d. Unters. Haft v. 24.12.43 – 28.3.44 = 96 Tg. a. 1.50......		144.	--
	f. d. Strafhaft v. 29.3.44 – 8.5.44 = 40 Tg. a. 1.50......		60.	--
	Kosten d. Strafvollstreckung a) Vollstreckung des Urteils......		158.	18
	Hinzu Porto f. Übersendung d. Kostenrechnung		-.	12
			766.	80

Das Konto der Henker

Tätigkeit entsprechend anerkannt wird, und damit auch die Öffentlichkeit seine Sonder- und Vertrauensstellung im Staate als solche erkennt.«

Das Werkzeug des Scharfrichters war ein großes, schweres Beil mit einer besonders breiten Schneide. Die Enthauptungen fanden im Freien statt, vor dem Gefängnis, in dessen Todeszellen die Verurteilten lagen.

Aber die im Laufe der Jahre unaufhaltsam anschwellenden Hinrichtungen konnten mit dem Handgerät nicht mehr bewältigt werden. Hitler wußte offenbar schon von Anfang an, was er vorhatte: bereits Ende 1933 bestellte er zwanzig Guillotinen. Sie wurden von Insassen des Gefängnisses Tegel hergestellt, das eine gute Schlosserei und Härterei besaß. Von Ende 1934 an wurde der Handbetrieb der Menschenvernichtung endgültig durch den maschinellen Betrieb abgelöst.

In Plötzensee stand die Guillotine in einem besonderen Hinrichtungsschuppen. Er befand sich auf dem Spazierhof des Gefängnisses III. Das Gefängnis III lag mitten im Gesamtkomplex der Gefängnisgebäude. Von hier aus gab es keine Möglichkeit zur Flucht.

Der Schuppen war ein fensterloser Raum, etwa acht mal zehn Meter groß, aus Ziegelmauern und mit Zementfußboden. Er war ein Teil eines langgestreckten Schuppengebäudes mit allerlei Lagerräumen. Von ihm führte eine Tür in den Leichenraum, der das Gebäude abschloß. In diesem Raum stapelte man die Holzkisten für die Leichen der Hingerichteten auf. Hierhin wurden auch rasch die Leichen geschafft, wenn eine Reihe von Enthauptungen nacheinander zu erfolgen hatte.

Ein großer schwarzer Vorhang, der durch eine Ziehvorrichtung sehr schnell aufgerissen und wieder geschlossen werden konnte, teilte den Hinrichtungsschuppen in zwei Teile. In dem kleineren Raum hatte man die Guillotine aufgestellt, die so zunächst den Blicken entzogen war. Im größeren Raum stand der Richtertisch mit dem Kruzifix. Das Kruzifix mußte in den späteren Jahren entfernt werden.

In der letzten halben Stunde vor der Vollstreckung pflegte in Plötzensee gewöhnlich ein alter Schuster eine eifrige Tätigkeit zu entfalten. Er suchte die Verurteilten in ihren Todeszellen auf, fesselte ihnen die Hände auf dem Rücken, zog ihnen die Kleider und Schuhe aus und vertauschte die Schuhe mit den vorgeschriebenen Holzpantoffeln. Den Frauen schnitt er die Haare so kurz, daß der Hals freigelegt wurde. Dies galt als Vorrecht des Schusters. Es hieß, er unterbreche auch jeden Urlaub, um diesen »letzten Dienst«, wie er es nannte, zu leisten. Er tat es mit Gleichmut, ohne Gemütsbewegung und mit einer gewissen stumpfsinnigen Befriedigung.

Hin und wieder suchten auch der Scharfrichter und seine Gehilfen die Todeskandidaten in ihren Zellen auf: Sie schauten den Verurteilten in den Mund nach Goldzähnen, die man später herausbrechen konnte.

Der gefesselte Delinquent wurde mit entblößtem Oberkörper in den Hinrichtungsschuppen geführt. Nach der Verlesung des Urteils in Gegenwart der üblichen Zeugen wandte sich der Staatsanwalt an den Scharfrichter mit der feststehenden Formel: »Scharfrichter, walten Sie Ihres Amtes!«

Nun erst riß der Scharfrichter mit einem harten Ruck den schwarzen Vorhang auf. Niemals werde ich dieses knirschende Geräusch vergessen können! Jetzt wurde die Guillotine im Schein des elektrischen Lichtes sichtbar.

Der Verurteilte hatte sich an ein hochgeklapptes, am Kopfende ausgekehltes Brett zu stellen. Ehe er sich besinnen konnte, warfen ihn die Henkersknechte auf das Brett, das in einem Scharnier befestigt war und um neunzig Grad umschlug. Der Delinquent kam mit dem umgeklappten Brett blitzschnell in eine Lage, in der sich sein Kopf genau unter dem Fallbeil befand. Es war die »Kunst« der Gesellen, die Länge des Opfers vorher richtig einzuschätzen. In derselben Sekunde drückte der Scharfrichter auf den Knopf. Das Fallbeil sauste herab, der Kopf des Verurteilten flog in einen bereitgestellten Weidenkorb. Der Blutverlust war ungeheuer, die

Beine des Sterbenden zuckten jedesmal so zusammen, daß die Holzpantinen im weiten Bogen fortgeschleudert wurden. – Der Scharfrichter zog nun, mit der gleichen Hast, den schwarzen Vorhang vor dem furchtbaren Bild zu. Wieder der knirschende Laut, der uns unter die Haut drang! In strammer militärischer Haltung meldete der Scharfrichter: »Herr Oberstaatsanwalt, das Urteil ist vollstreckt!«

Bei jeder Hinrichtung mußte dann regelmäßig der Anstaltsarzt den Tod bestätigen und bescheinigen.

Der Gesamtvorgang vollzog sich in unglaubhafter Geschwindigkeit. Durch den Überraschungscharakter der ganzen Manipulation für den Verurteilten sollte die »Zeitvergeudung« des sonst üblichen Anbindens und anderer Sicherheitsmaßnahmen erspart werden.

Die Zeit von der ersten bis zur zweiten Hinrichtung war auf drei Minuten angesetzt worden, also beispielsweise: 7.10 Uhr Wilhelm Schulze, 7.13 Uhr Gustav Müller, 7.16 Uhr Fritz Lehmann. Aber die Hinrichtung beanspruchte längst nicht die vorgesehenen drei Minuten, sondern elf bis dreizehn Sekunden für einen geschickten Scharfrichter und eingeübte Henkersknechte.

Auf diese Weise konnten die Hinrichtungen gleichsam am laufenden Band erfolgen. Ich habe bis zu dreißig und vierzig Hinrichtungen hintereinander erleben müssen ...

Nach dem Zusammenbruch des »Dritten Reiches« wurden die Scharfrichter und Henkersknechte, soweit man sie verhaften konnte, sämtlich abgeurteilt. Soviel ich weiß, ist kaum einer mit dem Leben davongekommen. Einige starben durch Selbstmord*.

* Über das Schicksal Reichharts brachte die Berliner Zeitung »Nacht-Expreß« am 18. Dezember 1948 folgende erstaunliche Nachricht:
»Der sechsundfünfzigjährige Scharfrichter Johann Reichhart, der bis 1945 insgesamt rund 2 500 Hinrichtungen durchgeführt hat, wurde gestern im Wiederaufnahmeverfahren von einer Münchener Spruchkammer in die Gruppe der Belasteten eingereiht.
Reichhart wird auf zwei Jahre in ein Arbeitslager eingewiesen, wobei ihm die bisherige Haft von 18 Monaten abgerechnet wird.

Die Erschießungen

Das Hitlerreich kannte drei offizielle Hinrichtungsarten: Guillotinieren, Erschießen und Erhängen.

In meiner Eigenschaft als Wehrmachts-Gefängnispfarrer habe ich vielen Erschießungen beiwohnen müssen. Die Prozedur des Erschießens, das als »ehrenvoll« galt, zog sich qualvoll hin. Keine der anderen Hinrichtungsmethoden brauchte so langwierige Vorbereitungen.

Die Erschießung der Verurteilten aus den Berliner Wehrmachtsgefängnissen, das heißt: aus dem Gefängnis Tegel, dem Wehrmachtsflügel des Gefängnisses Lehrter Straße 3 und der Wehrmachtsarrestanstalt Lehrter Straße 61, fand bis zum Jahre 1944 durchweg auf den Schießständen Jungfernheide statt. Diese lagen am Tegeler Schießplatz, nicht weit von der Meckeritzbrücke. Es handelte sich um ein weites Gelände, auf dem ständig Truppen ausgebildet wurden.

Für die Dauer der Exekution räumte man zeitweilig einige Schießstände.

Die Prozedur begann am frühen Morgen im Militärgefängnis mit der Fesselung des Gefangenen – eine halbe Stunde vor dem Abtransport. Er durfte seine Uniform tragen, aber ohne Rangabzeichen und Orden. Es geschah selten, daß ein einzelner Mann zur Hinrichtung bestimmt war. In der Regel wurden mehrere Verurteilte, drei bis vier, gleichzeitig in den Wagen geladen.

Der Wagen entsprach der »Grünen Minna«, wie die Berli-

Die Hälfte seines Vermögens wurde beschlagnahmt, außerdem verliert Reichhart die ›Fähigkeit zur Bekleidung öffentlicher Ämter‹. In der Begründung des Spruches heißt es, daß die Kammer die Tätigkeit Reichharts ›nicht als Belastung‹ ansehen könne, daß Reichhart, der bereits seit 1924 Scharfrichter ist, ›ohne Hilfe der NSDAP in dieses Amt gekommen‹ sei.
Reichhart sei zwar ›überzeugter Nazi‹ gewesen, habe sich jedoch ›aktiv nicht eingesetzt‹, wenn er auch in zwei Fällen der politischen Denunziation überführt worden sei.«

ner den Transportwagen für Arrestanten nennen. Doch war er, als militärisches Fahrzeug, feldgrau gestrichen.

Er enthielt auf zwei langen Holzbänken an den beiden Innenwänden zwölf Sitzplätze und konnte, wenn er überfüllt war, bis zu zwanzig Personen fassen. Er hatte nach hinten hinaus ein kleines vergittertes Fenster.

Ich mußte im vollen Ornat erscheinen und nahm in der Nähe des Fensters Platz. Die Gefangenen saßen auf der gleichen Bank neben mir. Zwei oder drei mit Gewehren bewaffnete Soldaten stiegen zum Schluß ein.

Die Fahrt von Tegel bis zum Schießplatz schien kein Ende nehmen zu wollen. Dabei betrug die normale Fahrtdauer zehn bis zwölf Minuten. Aber für Menschen, die in den Tod fahren, gilt ein anderes Zeitmaß als das der Uhr.

Es fielen nicht mehr viele Worte. Was zu sagen war, war in der Zelle in der Nacht vorher ausgesprochen worden. Nur selten mußte ich noch Dinge notieren, die den Verurteilten am Herzen lagen — Grüße an Frauen und Kinder. Der einzige Liebesdienst, den ich noch erweisen konnte, bestand darin, daß ich den Männern immer wieder eine Zigarette zwischen die Lippen steckte, sie anzündete, sie wieder herausnahm und erneut gab. Die Gefangenen waren ja mit ihren auf dem Rükken gefesselten Händen hilflos.

Das Pflaster war schlecht. Der Wagen mußte langsam fahren. Ich sah durch das vergitterte Fenster. Der Weg rollte sich wie ein langes Band hinter uns ab. Ich sah plötzlich auftauchende Bäume, Passanten, Frauen mit Kinderwagen. Die Straßenbahnen, überfüllt, ratterten vorbei.

Der Wagen hielt nach Ewigkeiten, das Tor war erreicht. Die Wachen stiegen aus, Ausweise mußten vorgezeigt und geprüft werden. Wieder ein unerträglich langer Aufenthalt.

Dann fuhr der Wagen direkt vor die Schießstände.

Die Verurteilten wurden einzeln aufgerufen und einzeln abgeführt. Die übrigen hatten zu warten, bis sie an der Reihe waren. Es gab nur Einzelerschießungen.

Das Warten im dunklen, dumpfen Wagen gehört zu meinen schlimmsten Erinnerungen. Wie oft habe ich dieses Im-Wagen-Sitzen und -Warten mitmachen müssen! Wenn Katholiken als erste erschossen wurden, begleitete sie der katholische Geistliche, und ich blieb mit den mir Anvertrauten im Wagen.

Wir sahen, wie der Aufgerufene aus dem Wagen kletterte und von zwei Feldwebeln in Empfang genommen wurde, die ihn flankierten. Dann hörten wir, wie die Schritte sich entfernten. Wir saßen und warteten. Schleichende Minuten. Meine Armbanduhr tickte. Endlich — das Krachen der Salve, fast wie eine Erlösung. Manchmal danach — ein schrecklicher Schrei oder Stöhnen. Dann noch ein einzelner Schuß. Und dann war es still.

Wir saßen und warteten. Ich hörte das Atmen der Männer. Die Schritte ertönten wieder. Die Feldwebel holten den zweiten Mann ab. Der gleiche Vorgang — die Schritte, die Schüsse, die Stille. Und wir saßen und warteten. Der dritte Mann kam an die Reihe, der vierte Mann. Und der letzte hatte einen vielfachen Tod erfahren, ehe die Kugeln ihn trafen.

Wenn mein Mann aufgerufen war, stiegen wir aus dem dunklen Wagen. Die Morgensonne blendete uns. Die Feldwebel nahmen den Verurteilten in ihre Mitte. Ich folgte.

Er wurde in einen Hohlweg geführt, der sich etwa fünfzig Meter zwischen zwei Wällen hinzog. Unter dem Kommando eines Hauptmanns war eine Abteilung Soldaten von zehn bis zwölf Mann aufmarschiert.

Der Gerichtsherr las das Urteil noch einmal vor. Dann übergab er den Delinquenten dem Hauptmann zur Vollstrekkung.

Der Hohlweg endete in einem Kugelfang aus Sand und Holzbohlen. Davor war ein Pfahl in die Erde gerammt. Man band den Verurteilten an den Pfahl.

Er konnte sich die Augen verbinden lassen, wenn er es wünschte. Sein letzter Blick ging über die Soldaten hinweg auf die Bäume und Sträucher des nahen Waldgeländes.

Das Hinrichtungskommando hatte in zehn Meter Abstand Aufstellung genommen. Das erste Glied legte im Knien an, das zweite Glied im Stehen. Die Gewehre richteten sich auf das Herz des Mannes am Pfahl.

Der Hauptmann gab den Befehl — die Salve krachte.

Der Tod trat in den meisten Fällen sofort ein. Aber doch nicht immer. Oft mußte der Schwerverwundete, der stöhnend in seinen Stricken hing, durch einen Gnadenschuß erlöst werden.

Die Leichen kamen ins Leichenschauhaus und konnten auf Antrag der Angehörigen freigegeben werden. Die Körper der Ausländer und der Nacht-und-Nebel-Gefangenen — von denen ich später berichten werde — schaffte man nach Döberitz zur Beisetzung auf dem Kriegsgefangenenfriedhof ...

Welche Leute wurden nun durch Militärgerichte zum Tode des Erschießens verurteilt? Die Begründungen der Todesurteile waren verschiedener Art. Sehr häufig handelte es sich um »Fahnenflucht«. Das war ein Delikt, das in jedem einzelnen Falle einer besonderen Motivierung bedurft hätte. Es ist mir nicht immer gelungen, festzustellen, ob eine Fahnenflucht persönlich oder politisch motiviert war.

Eine große Gruppe unter den militärgerichtlich Verurteilten bildeten die Ernsten Bibelforscher, die meist nicht wegen »Kriegsdienstverweigerung«, sondern schon wegen »Eidesverweigerung« verurteilt wurden. Sie gingen für ihre Überzeugung ohne Schwanken in den Tod.

Das Reichskriegsgericht hatte sich in den ersten Jahren des Krieges, 1939 bis 1940, nur schwer entschließen können, die Todesurteile an Bibelforschern vollstrecken zu lassen. Die Strafanstaltsgeistlichen wurden immer wieder ersucht, die Bibelforscher mit theologischen Argumenten zum Kriegsdienst zu überreden. Als Kriegsgegner konnte ich diesem Ersuchen nicht entsprechen. Andererseits lehnten die Bibelforscher die Geistlichen von vornherein als verdächtig ab, weil sie nicht Jehova dienten, sondern dem »Baal dieser Welt«. Mir ist kein

Fall bekannt geworden, wo die Bemühungen des Geistlichen oder auch der Verwandten zu einem »positiven« Ergebnis geführt hätten.

Einen tiefen Eindruck auf mich machte die Erschießung einer holländischen Widerstandsgruppe von 32 Mann am 4. Juni 1943, der Stijkel-Gruppe. Die Holländer waren sogenannte NN-Gefangene, Nacht-und-Nebel-Gefangene, wie sie Himmler getauft hatte. Nach einem besonderen Geheimbefehl sollten die gefangenen aktiven Widerstandskämpfer in den besetzten Ländern in »Nacht und Nebel« verschwinden, niemand durfte von ihrem Schicksal erfahren. Fast alle NN-Gefangenen sind militärgerichtlich unter Anklage gestellt und verurteilt worden.

Der Leiter der holländischen Gruppe war der dreißigjährige Johan Aaldrik Stijkel, geboren in Rotterdam, Doktorand der englischen Sprache. Er schuf im Dezember 1940 eine Zentrale für alle Widerstandsgruppen in Holland und stand mit der holländischen Exilregierung in England in Verbindung. Als er mit seinem Mitarbeiter Leutnant Gude am 2. April 1941 vom Scheveninger Hafen mit einem Fischkutter nach England fahren wollte, um Instruktionen seiner Regierung einzuholen, fiel er durch Verrat in die Hände der Gestapo. Es folgten viele Verhaftungen. 46 holländische Widerstandskämpfer wurden am 26. März 1942 nach Berlin übergeführt. Im September 1942 kam es zum geheimen Prozeß vor dem Reichskriegsgericht. Es wurden 39 Todesurteile gefällt, 32 vollstreckt.

Ich stand zu den Holländern in naher und herzlicher Beziehung. Sie hatten ein Jahr im Gefängnis Tegel gesessen, zuerst als Untersuchungsgefangene, später als Verurteilte. Es waren führende und einflußreiche Persönlichkeiten Hollands unter ihnen. Für einen bestimmten Gefangenen, so wurde erzählt, hatte man drei Millionen Schweizer Franken Kaution gestellt, um ihn zu befreien. Das Reichskriegsgericht ging jedoch auf dieses Angebot nicht ein, und auch er wurde erschossen.

Die Haltung der Holländer war vorbildlich. Je länger die Haft dauerte, um so innerlich geschlossener wurde die Gruppe. Mich berührte die eigentümliche Mischung von stark konservativer Religiosität und Nationalismus.

Ich beobachtete das auch bei Angehörigen anderer besetzter Länder. Darüber hinaus bekundeten die Holländer eine lebendige Liebe zu ihrer Heimat und für ihre Königin, die sie verehrten. Durch die Härte ihres Schicksals war in ihnen ein kräftiges religiöses Bewußtsein wach geworden. Die zweiunddreißig Holländer der Stijkel-Gruppe wurden, im Gefangenenwagen eng zusammengepfercht, in zwei Gruppen zu den Schießständen gefahren. Es wird mir unvergeßlich sein, wie aus dem vergitterten Wagen das Lied »Wilhelmus van Nassauen«, ihr holländisches Nationallied, erklang.

»... Dem Vaterlande treu
bleib ich bis in den Tod ...«

Die Erschießung dieser tapferen Männer dauerte von acht Uhr bis elf Uhr morgens. Jeder Mann wurde einzeln erschossen.

Ich nenne ihre Namen, nach der Liste, die mir zur Verfügung steht.

B. H. Bloembergen	J. Lotgering
Overste J. P. Bolten	G. v. d. Marel
B. Davidson	J. Naber
Corn. Drupsteen	J. Neuteboom
H. Ero	A. van der Plas
R. Gostelie	W. van der Plas
J. Groot	P. Smit
C. J. Gude	J. Stijkel
General S. Hasselmann	H. Stoppendaal
J. F. Helmers	J. C. Thomas
W. Helmers	D. de Vries
Mr. M. Hes	J. J. F. de Vries

M. Hock	J. Vrolijk
E. Honig	W. Wagenaar jr.
P. H. de Jong	C. Wilzak
P. de Koning	H. Zanen

Eine ähnliche Grundhaltung fand ich bei norwegischen Widerstandskämpfern. Auch sie bestanden aus Nacht-und-Nebel-Gefangenen: Offizieren, Studenten, Fischern – alle Schichten der Bevölkerung schienen vertreten zu sein. Da die Formen des Militärstrafvollzugs lockerer waren als die der zivilen Justiz, gelang es mir, die Norweger öfters zu musikalischen Feiern oder Gottesdienstveranstaltungen zusammenzufassen. Die Gefangenen nahmen das mit Dankbarkeit auf, da sie dadurch Gelegenheit hatten, beisammen zu sein und ihre Sprache zu sprechen. Durch den ständigen Umgang mit ihnen lernte ich etwas Norwegisch. Ich konnte mich schließlich auch mit denjenigen Fischern verständigen, die kein Deutsch, Englisch oder Französisch beherrschten.

Zwei Gruppen sind mir hauptsächlich in Erinnerung. Die eine Gruppe, deren Mitglieder unmittelbar nach dem deutschen Einmarsch in Norwegen verhaftet worden war, wurde begnadigt. Es war ein eindrucksvoller Akt, nach einem Gottesdienst. Wir ahnten noch nicht, daß es nur ein Danaergeschenk sein sollte; denn kaum einer der »Begnadigten« hat seine Heimat wiedergesehen. Die meisten verhungerten in Zuchthäusern, Gefängnissen und Konzentrationslagern.

Der zweiten norwegischen Gruppe warf man Widerstand nach der Besetzung vor. Die Teilnehmer wurden zum Tode verurteilt und erschossen. Prozeßträger dieser Gruppen war Roald Alvaer.

Leider sind alle meine Aufzeichnungen aus jener Zeit verlorengegangen, so daß ich nur noch einige Namen der Erschossenen aus einem Verzeichnis des Standortfriedhofes Dallgow-Hasenhainberg nennen kann:

Roald Alvaer, Asbjörn-Ragnar Andersen, Johan-Nils Foyen,

Odd-Andreas Grovlen, Ivar-Darre Hogseth, Konrad-E. Knutsen-Jo, Kaare Moe, Ragnvald Olsen, Haakon Suleng, Raidar Suleng, Nils-Johan Tangedal, Adolf Zeiffert.

Haakon Suleng hatte mir im letzten Augenblick vor seiner Erschießung seine goldene Uhr anvertraut, hinter dem Deckel lag ein kleiner Zettel mit der norwegischen Adresse. Ich hatte diese Uhr als Wertobjekt nicht zu den schriftlichen Aufzeichnungen gelegt, sondern sie in meiner Privatwohnung aufbewahrt. Sie entging der Beschlagnahme durch die Geheime Staatspolizei. Durch Vermittlung der norwegischen Seemannsmission ist es mir später gelungen, die Uhr der Witwe in Norwegen zuzustellen.

Zu den Freigesprochenen oder mit leichteren Strafen Davongekommenen, die mir bekannt waren, gehörten die Holländer und Holländerinnen:

Jhr. J. C. Baud, Mevrouw Ero-Chambon, Ir. A. v. d. Honert, H. Kuipers, J. R. Renkema, A. W. K. Tamson, J. J. Moret jr., Nico Wagenaar, van Hinte, Jelier, Mevrouw W. v. Hinte-de Bruin, Mej. W. S. van Deth, Hilko Clazenburg, Mevr. R. Lotgering-Hillebrand. Von diesen vierzehn haben aber nur vier ihre Heimat wieder erreicht.

Als eine besondere Grausamkeit empfand ich das Schicksal von van Hinte. Er besaß keine Arme und mußte auf seinen treuen Pfleger H. Zanen verzichten, eines der Todesopfer der Stijkel-Gruppe. So wurde er allein durch die Gefängnisse geschleppt. Zanen hatte für seinen Pflegling einen besonderen Schreibapparat erfunden und konstruiert, den van Hinte ganz gut mit dem Mund zu benutzen verstand. Ich verschaffte ihm immer wieder Schreibarbeit in der Zelle. So war er beschäftigt und abgelenkt. Für die Gottesdienste schrieb er für jeden Teilnehmer die holländischen Lieder ab und übersetzte sie für mich. Das war eine wochenlange Arbeit, die ihm seelisch über viele Schwierigkeiten hinweghalf. Seine kameradschaftliche Haltung und seine Unverdrossenheit bewegten mich sehr. Dann verlor ich ihn aus den Augen.

Die meisten Nacht-und-Nebel-Gefangenen gingen, dem Wunsche Himmlers entsprechend, zugrunde, auch wenn sie von den Kugeln des Hinrichtungskommandos verschont blieben.

Von einem der Mitgefangenen, einem belgischen Geistlichen, der den holländischen und norwegischen Widerstandskämpfern nahestand, erhielt ich später einen Brief aus Belgien vom 22. November 1946. Er gibt Auskunft über das Ende der »Freigesprochenen«. Der Verfasser bemühte sich, in deutscher Sprache zu schreiben. Ich gebe den Text unverändert wieder:

»Wieviel, seitdem wir am 12. Dezember 1943 Berlin verlassen mußten, habe ich an Sie gedacht. So oft in diesem schrecklichen Gefängnis in Neutitschein habe ich von Ihnen mit meinen Zellgenossen geplaudert! Dorthin sind wir neun Monate geblieben; zu mindesten, teilweise, weil eine große Zahl von uns da umkamen (17 Mann) und anderen, die ihre Strafe noch nicht abgebußt hatten, in diesem Gefängnis blieben, während wir noch Strafende oder die freigesprochen waren, wieder ang. 1944 nach Dachau transportiert, aber nicht direkt ... noch mit verschiedenen Weilen in Gefängnissen: Ostrawa, Ratibor, Neiße, Breslau, Glogau, Leipzig, Hof, Plauen, Nürnberg usw.! In Dachau K. Z. weilten wir noch neun Monaten, bis der Herr Gott uns durch die Amerikanerhände befreitete am 29. 4. 1945.

Viel von uns kamen in der Zwischenzeit um. Unter denen diejenigen, die ich am liebsten hatte: Beide norwegische Brüder Arne und Per Wage starben von Hunger; Erling Halstensen, der Evangelischer Pfarrer wollte werden, von Tuberkulose in Dachau. Der Andre Coets, der dieselbe Zelle mit mir bewohnte in Tegel, auch. Der Domkapitular Piechot auch. Die drei Viertel deren, die mit uns nach Deutschland mitgeschleppt wurden, kamen nicht zurück. Die sind mit Lazarus im Schoße Abrahams. Auch der Herr Oberst Moret. Alles erzählen, was wir erlebt haben, ist unmöglich, das ist unbeschreibbar. Tod, Elend, Hunger, Haß, Folterung, Unmenschkeiten, Dinge, die Dante selbst nicht vermuten könnte. Aber überall in den Händen Gottes. Warum ich nicht umkam, warum kamen die anderen um? Nur Gott weiß es. Ich bin beinahe erstaunt, ich schäme mich beinahe noch am Leben zu sein. Vielleicht war ich noch nicht wert zu leiden. Aber nun so schaue ich das Leben an als ein Geschenk Gottes. Da ich noch lebe, darum habe ich noch hier was zu leisten. Gott gebe mir es zu leisten!

Für heute nur soviel!

Noch eines, geben Sie mir bitte Nachricht über Frau und Kind. Wie haben Sie die furchtbaren Tage des Endes durchgelebt?

Bald schreibe ich nochmal wieder.

In brüderlicher Verbundenheit bin ich

Ihr ergebener George Passelecq

Abbaye de Maredsous/Belgique.«

Die Todeszelle

Wenn der Tag der Hinrichtung feststand, wurde der zum Tode Verurteilte am Tage vorher oder auch schon einige Tage früher in eine Sonderzelle gelegt – in die Todeszelle. In Plötzensee und Brandenburg waren im Erdgeschoß besondere Zellen zu Todeszellen bestimmt und eingerichtet. Die Verlegung in diesen Gefängnisflügel und in eine dieser Zellen machte es dem Verurteilten schon vor der Verkündung des Urteils klar, daß seine Stunde geschlagen hatte.

Die Todeszellen im Gefängnis Plötzensee waren klein und kalt; kalt, weil man die Heizkörper herausgenommen und in die Innenwand eingebaut hatte. Das sollte den Anreiz zum

Selbstmord nehmen. Ein solcher Versuch war schon vorgekommen, ein Gefangener hatte in seiner letzten Nacht vergeblich versucht, sich den Schädel am Heizkörper einzuschlagen. Nun spendete die eingebaute Heizung kaum noch Wärme.

Die Beleuchtung war schwach. Die Lampe war in dem Ventilationsloch über der Tür angebracht und erhellte den kleinen Raum nur dürftig. Die Schaltung erfolgte, wie immer in Gefängnissen, von außen. Das Licht mußte die ganze Nacht über brennen, damit man die »selbstmordgefährdeten« Gefangenen stets beobachten konnte. Bis zum letzten Augenblick war die Justiz ängstlich um die Lebenssicherheit ihrer Opfer bemüht.

Die Ablehnung des Gnadengesuches und den Beschluß des Gerichtes mit dem genauen Zeitpunkt der Urteilsvollstreckung erhielt der Verurteilte am letzten Abend oder sehr früh am Morgen des Todestags. Das geschah in offizieller Form durch einen Vertreter der Staatsanwaltschaft oder, bei militärisch Verurteilten, durch einen Militärbeamten im Offiziersrang. Der Vertreter des Gerichtsherrn blieb von der Verkündung an im Hause, um anwesend zu sein, falls irgendwelche Wiederaufnahmeanträge eingereicht würden.

Auch ich, als Geistlicher, war bei dieser Mitteilung meist zugegen. Von nun an durfte der Verurteilte keine Sekunde mehr allein gelassen werden. Er blieb unter der Aufsicht von zwei Wachleuten oder — was ich allmählich durchsetzen konnte — allein mit mir. Seine Hände wurden vorne gefesselt. Die Fesseln durften in der Regel nur beim Waschen, Anziehen und zum Essen abgenommen werden.

Als ein altes Gewohnheitsrecht des Delinquenten galt die Henkersmahlzeit. Der Gefangene hatte das Recht, sich noch einmal, das letztemal in seinem Leben, eine Speise nach seinem Geschmack auszuwählen. Allerdings wurde dieses Recht mit der Verknappung der Lebensmittel von Kriegsbeginn an immer mehr eingeschränkt und entfiel schließlich ganz. In den ersten Jahren gab es noch warmes Essen, auf Wunsch auch gebratenes Fleisch. Später erhielten die Insassen der Todeszelle nur noch Brot mit Wurst, zusätzlich zu der an jenem Tag gerade ausgegebenen Mahlzeit. Kaffee und Bier wurden geduldet, besonders in den Sommermonaten. Sogar zu rauchen gab es in Tegel und Plötzensee, mitunter auch in Brandenburg.

In diesem Zusammenhang möchte ich an einen stillen Mann erinnern, der die Kantine des Gefängnisses Plötzensee versorgte: Willi Kranz. Ich lernte ihn kennen, als er mich bat, ich möchte doch darauf achten, daß die Verurteilten auch wirklich die Brote und die Wurst bekämen, die er für sie zurechtgeschnitten hätte. Es bestand die Gefahr der Unterschlagung dieser »letzten« Nahrungsmittel, da es genug ungetreue Beamte – es waren manche SA-Leute als Hilfsbeamte angestellt – im Gefängnis gab. Vater Kranz wachte eifersüchtig darüber, daß nichts verlorenging, und er steckte den Verurteilten, sooft er konnte, unbemerkt Nahrungsmittel zu. Er war ein Mann, der wenig sprach und gern nur durch Gebärden andeutete, was er wollte. Er hat mir viel geholfen. Ein jüdisches Kind verbarg er ein Jahr bei sich. Einen Mann, dessen Eltern in Auschwitz ermordet wurden, verpflegte er lange Zeit heimlich. Und er tat das alles selbstlos. Sein Wirken erstreckte sich weit über Plötzensee hinaus. Es gelang ihm, Verbindungen bis in das Zuchthaus Brandenburg hinein anzuknüpfen. Durch seine Hilfe hatten wir in der größten Hungerzeit 1944 immer einen Vorrat von Lebensmitteln für die Gefangenen bereit. 1945 brannte ihm bei den Kämpfen sein gesamtes Warenlager ab, Tabak und andere Utensilien. Ich traf ihn erst im Juli 1945 wieder. Er war Altwarenhändler geworden; mit einem Handwagen fing er ganz von vorn an und klaubte sich das Papier in alten, leeren Kasernen und an anderen Orten zusammen …

Was geschah in den langen Stunden der letzten Nacht? Ich mußte mich vor allen Dingen um die Abschiedsbriefe kümmern. Primitive Menschen konnten sich oft in ihrer starken Aufregung nicht mehr geistig konzentrieren. Ich mußte daher häufig die Briefe diktieren. Selbstverständlich bemühte ich mich, das auszudrücken, was der Schreiber noch sagen wollte, aber nicht mehr sagen konnte. In Plötzensee durften die Fesseln beim Schreiben der Briefe entfernt werden. Auch Tinte und Feder waren gestattet. In Brandenburg dagegen durften die Briefe nur gefesselt und mit Bleistift geschrieben werden.

Die Anwesenheit der Gefängnisbeamten wurde von den Verurteilten verschieden aufgenommen. Diese Beamten waren keineswegs böswillig oder brutal. Es handelte sich meist um altgediente Unteroffiziere, die selbst erschüttert waren — besonders in den ersten Jahren, als es selten Todesurteile gab — und die nun ihre Nervosität auf den Gefangenen übertrugen. Sie pflegten, um ihre Unruhe zu betäuben, ununterbrochen, oft mit lauter Stimme, von ihren Kriegserlebnissen und anderen derben Abenteuern zu erzählen. Unter den wegen krimineller Vergehen Verurteilten beobachtete ich Leute, die gern auf einen derartigen Ton eingingen, die sogar bewußt mit Gesprächen sensationeller Art über die Nacht hinwegkommen wollten. Stumpfe oder Erschöpfte warfen sich wohl auch auf die Pritsche und schliefen einige Stunden, scheinbar ungerührt vom nahen Tod. Wir ließen sie schlafen, es war für sie der leichteste Weg.

Aber die mehr geistigen Menschen empfanden die Gegenwart der Beamten als lästig. Ich meine nicht nur gebildete, besonders differenzierte Gefangene, sondern auch Menschen einfacher Art. Sie wünschten, schweigen zu können und jemand gegenüber zu sitzen, der sie nicht ständig zur Unterhaltung zwang. Sie waren dankbar, wenn es mir gelang, die Beamten zu entfernen und die letzte Nacht mit ihnen allein zu verbringen.

Es gab Menschen, die kaum ein Wort sprachen und in tiefe Gedanken versanken. Es gab andere, die mir ihre persönlichsten Geheimnisse anvertrauten. Sie taten in diesen Stunden ihre Seele auf, ihren Reichtum an Liebe, Schmerz und Enttäuschungen. Sie ließen mich teilhaben an ihrem Lebensweg. Sie wußten, daß sie mir vertrauen durften. Hier lag meine wahre

Aufgabe. Denn kaum jemand wird mit gleicher Verschwiegenheit und Offenheit die Beichte eines Menschen entgegennehmen wie ein Seelsorger. Mancher Gefangene fand in solchen Nachtstunden die Gelassenheit für den letzten Gang ...

Wenn Todesurteile an Ehepaaren zur Vollstreckung kamen – und dies ist 1944 allein fünfzehnmal und 1943 vierzehnmal vorgekommen – wurde die Bitte der Eheleute, einander nochmals sehen zu dürfen, regelmäßig abgelehnt. Es blieb mir nichts anderes übrig, als Grüße und Briefe zu überbringen und auf diese Weise noch eine gewisse Verbindung herzustellen.

Auch der Wunsch des Verurteilten, nach Verkündung des Vollstreckungstermins seine Angehörigen vor dem Tode noch einmal sehen zu dürfen, verfiel der Ablehnung. Ich konnte das bis zu einem gewissen Grade verstehen. Schon der Verurteilte vermochte den unnatürlichen Zustand, den Augenblick seines Todes im voraus genau zu wissen, kaum zu ertragen. Die Angehörigen wären dem seelischen Druck in keinem Fall gewachsen gewesen. Anders lag es, wenn mir und der Anstaltsleitung der Zeitpunkt des Todes bereits bekannt war, dem Verurteilten aber noch nicht. In solchen Fällen habe ich mich bemüht, eine Begegnung zwischen ihm und den Seinen noch rasch zustande kommen zu lassen ...

Die Nacht verging. Und wenn der Morgen in die Todeszelle graute, kam die Krise für den Gefangenen. Niemand wurde von ihr verschont. Gewöhnlich drang dann in das Schweigen oder in das halblaut geführte Gespräch plötzlich der Amselruf von draußen herein, ein Warnruf, weil auf dem Hof besonders viel gegangen wurde. Der Gefangene zuckte zusammen und fragte: »Wie spät ist es? Wieviel Zeit habe ich noch?« Ich mußte ihm dann die Armbanduhr zeigen. Ich hielt sie ihm vor die Augen. Worte nutzten nichts, denn jeder Gefangene glaubte, ich wolle ihn schonen.

Es galt nun, in den letzten zwei Stunden alle Kräfte zusammenzunehmen. Die beiden Beamten – wenn ich mich mit dem Gefangenen nicht allein befand – waren meist in der Morgendämmerung erschöpft und abgefallen. Die Abschiedsbriefe mußten um diese Zeit fertig geschrieben sein. Der Gefangene hatte nicht mehr die Nerven dazu. Ich versuchte noch, mit kleinen Mitteln zu helfen. Zigaretten wurden bis zuletzt gewünscht, ich hatte sie stets vorrätig, wenn die amtlich ausgegebenen Zigaretten längst verbraucht waren. Und dann hatte ich Wein von meinem Abendmahlswein zur Verfügung. Es war eigentümlich, wie gerade solche scheinbaren Nebensächlichkeiten die geistige und körperliche Haltung des Verurteilten strafften.

In den ersten Jahren, als Hinrichtungen noch nicht zum alltäglichen oder allnächtlichen Ereignis gehörten, nahm eine Vollstreckung die Nachbarzellen, ja, das ganze Gefängnis seelisch stark in Anspruch. Es kam darauf an, in der Nacht möglichst leise zu sein, um die Genossen in den Nebenzellen nicht zu beunruhigen.

Man möge sich den riesigen Bau des Gefängnisses vorstellen, in dem sechshundert Menschen in halberleuchteten Zellen nachts schlafen sollen. Das hatte etwas Unheimliches und Triebhaftes, wie ein großes Tier, das im unruhigen Halbschlaf zusammengeduckt liegt. Es war nicht so, als herrsche dort Totenstille, sondern man spürte, wie hinter jeder dieser verriegelten Eisentüren ein Mensch mit aller Inbrunst um sein Leben und sein Recht rang.

Ich fühlte das fast körperlich, wenn ich in den Nächten einen Verurteilten zu betreuen hatte und durch die matt erleuchteten, hallenden, langen Korridore des Gefängnisses schritt.

Die Schreckensnächte

In schrecklicher Erinnerung sind mir die Nächte vom 7., 8. und 9. September 1943.

Einige Tage vorher war ein schwerer Fliegerangriff auf Plötzensee niedergegangen. Bomben hatten einen Teil der Außenmauer zerstört, ein Flügel des Gefängnisses hatte gebrannt. Dabei war es zu einigen Entweichungen gekommen. Es handelte sich um fünf Franzosen. Vier ergriff man bald wieder. Der fünfte, dem es nicht gelang weiterzuflüchten, stellte sich selbst in der trügerischen Erwartung, dadurch Gnade zu finden. Auch er wurde hingerichtet. Auf Grund dieser »gefährlichen Situation« für das Gefängnis III in Plötzensee, in dem sich rund vierhundert zum Tode verurteilte Männer befanden, kam ein Geheimbefehl des Ministeriums heraus, wonach alle Gefangenen in den nächsten Nächten »zu Tode zu bringen« waren.

Ich kannte viele der Männer gut und hatte sie monatelang besucht. Die Hauptgruppe bestand aus Mitgliedern der tschechischen Widerstandsbewegung. Sie stammten aus verschiedenen Städten und Gesellschaftsklassen und waren meist in kleinen Gruppen zu etwa fünf bis sechs Mann zum Tode verurteilt worden. Ich nenne einige Namen, die ich im Mordregister gefunden habe: Religionslehrer Milos Bahar aus Cerma, Gastwirt Karl Boublik aus Strakonitz, Magistratssekretär Josef Broul aus Kbelnitz, Polizeiinspektor Antonin Coufal aus Tschaslawitz, Major Rudolf Dürr aus Rakonitz, Kaufmann Josef Dvorak aus Mislitz, Verwalter Paul Erban aus Horschitz, Inspektor Josef Hanak aus Ölmütz, Schuldirektor Frantisek Hudec aus Groß-Tresne, Oberleutnant Bedrich Jetonicky aus Tschaslau, Beamter Jan Klima aus Minice, Postsekretär Antonin Kulicka aus Protivin, Aktuarsdirektor Stanislav Liececka aus Leiznitz, Postsekretär Ladislav Lukes aus Hohemauth, Postrevident Ferdinand Malina aus Mirowitz, Polizeiinspektor

Josef Misak aus Groß-Latein, Postrevident Alexej Nemec aus Walditz, Oberpostsekretär Josef Oliva aus Schleb, Oberpostsekretär Stanislav Opocenski aus Recan (Elbe), Architekt Johann Podracky aus Wiesa, Polizeiinspektor Jan Sorm aus Ölmütz, technischer Beamter Josef Spalek aus Maßhaupt, Spediteur Vojtesch Vrnata aus Berlin, Postsekretär Johann Weil aus Prag, technischer Beamter Frantisek Zilina aus Drahon-Aujest.

Bei diesem überstürzten Massenverfahren wurden nicht alle Namen in das Hinrichtungsbuch in Plötzensee eingetragen. So fehlen oft die Unterlagen. Doch ist mir bekannt, daß auch drei Angehörige der deutschen Widerstandsbewegung »Rote Kapelle« — von der ich im nächsten Kapitel berichten werde — hier den Tod fanden: Wolfgang Thies, Eugen Neutert und Willi Schuermann-Horster. Ihre Hinrichtung hatte sich lange hinausgezögert, sie hatten schon gehofft, noch mit dem Leben davonzukommen. Nun traf sie der Geheimbefehl des Justizministeriums.

Auch der Name Karlrobert Kreitens, des siebenundzwanzigjährigen, ungewöhnlich begabten Pianisten aus Düsseldorf, steht in keiner Urkunde. Und doch gehörte er zu den Opfern der Septembernächte. In der Nacht zum 7. September 1943 wurde er hingerichtet. Es gibt als Beleg nur einen Brief des katholischen Pfarrers Buchholz an die Familie, unmittelbar nach der Hinrichtung abgesandt. Kreiten, ein Deutscher holländischer Staatsangehörigkeit, war wegen »Feindbegünstigung und Wehrkraftzersetzung« vier Tage vorher, am 3. September, vom Volksgerichtshof zum Tode verurteilt worden. In Wahrheit handelte es sich kaum um mehr als um einen politischen Witz, den er gemacht hatte. In seiner Biographie, vom Vater Theo Kreiten (Renaissance-Verlag, Düsseldorf) verfaßt, teilt dieser mit, er habe vier Wochen nach der Verkündung des Urteils von der Gerichtskasse Berlin eine Kostenrechnung für die Hinrichtung seines Sohnes im Betrage von 639,20 Reichsmark zugestellt erhalten — zahlbar innerhalb acht Tagen — als einzige Nachricht der Behörde ...

Die wunderbare Haltung dieser Männer wird mir unvergeßlich bleiben. Mit Einbruch der Dunkelheit am 7. September begann der Massenmord.

Die Nacht war kalt. Ab und zu wurde die Dunkelheit durch Bombeneinschläge erhellt. Die Strahlen der Scheinwerfer tanzten über den Himmel. Die Männer waren in mehreren Gliedern hintereinander angetreten. Sie standen da, zunächst ungewiß, was mit ihnen geschehen sollte. Dann begriffen sie. Immer je acht Mann wurden namentlich aufgerufen und abgeführt.

Die Zurückbleibenden verharrten fast bewegungslos. Nur hin und wieder ein Flüstern mit mir und meinem katholischen Amtsbruder. Ich bemühte mich, Adressen und letzte Wünsche notdürftig zu notieren. Keinem einzigen hatte man die Zeit gewährt, einen Abschiedsbrief zu schreiben. Wir Geistlichen hatten kaum noch die Möglichkeit für ein letztes tröstliches Wort oder ein kurzes Gebet.

Einer der Gefangenen verlor die Fassung. In plötzlich aufbrechendem Lebenswillen begann er zu schreien und warf sich auf den Boden. Er wehrte sich mit Händen und Füßen. Es half ihm nichts. Vier kräftige Beamte stürzten sich auf ihn und schleppten ihn fort.

Die Wirkung auf die anderen war niederdrückend. Ihre mühsam erworbene oder zur Schau getragene Gelassenheit schien bedroht. Erst als der Mann fortgeschafft war, vermochten die anderen dem unausweichlichen Schicksal wenigstens mit äußerer Ruhe entgegenzugehen.

Die Tschechen gingen ungebeugt für die Freiheit ihres Landes in den Tod. Aber sie trennten sich nicht leicht von dieser Welt. Sie hatten tausend Bindungen zum Leben. Ich wußte von ihren Familienbeziehungen, es gab kaum einen, dessen Frau und Kinder ich nicht von Bildern kannte. Es waren Menschen, reich an Empfindungen und Hoffnungen. Man hatte sie mitten aus dem politischen und nationalen Leben ihres Volkes gerissen.

Einmal unterbrachen die Henker ihre Arbeit, weil Bomben in der Nähe krachend niedersausten. Die schon angetretenen fünf mal acht Mann mußten für eine Weile wieder in ihren Zellen eingeschlossen werden. Dann ging das Morden weiter.

Alle diese Männer wurden gehängt. Das war sozusagen ein Notstand, ein Behelf. Die Guillotine hatte kurz vorher Bombentreffer erhalten und fiel für einige Zeit aus. Aber im Hinrichtungsschuppen befanden sich noch die berüchtigten »Fleischerhaken« von der letzten großen Erhängung der elf Hauptangeklagten des Harnack-Schulze-Boysen-Prozesses am 22. Dezember 1942.

Damals, Mitte Dezember 1942, hatte das Justizministerium plötzlich den Auftrag gegeben, eine »gleichzeitige Erhängungsmöglichkeit für acht Personen« im Hinrichtungsschuppen von Plötzensee einzurichten. Mit außerordentlicher Eile wurde diese Arbeit als »kriegswichtig« und »vordringlich« in Angriff genommen. Es mußte eine Laufschiene angebracht werden, an der sich acht verschiebbare Haken befanden. Sie waren durch eine aus schwarzem Papier gefertigte Wand jeweils voneinander getrennt, um die Delinquenten zu isolieren. Immer acht Mann zur gleichen Zeit mußten sich auf die Schemel stellen. Die am Haken befestigte Schlinge wurde ihnen um den Hals gelegt und der Schemel unter ihnen weggerissen.

Die Prozedur des Erhängens habe ich nie mit angesehen, da sie sich im geschlossenen Raum abspielte. Ich durfte die Verurteilten immer nur bis zum Schuppen begleiten. Der Arzt versicherte stets, der Erhängte verliere sehr rasch das Bewußtsein, sobald die Blutzirkulation abgedrosselt sei, der Tod träte durch Bruch des Halswirbels ein. Es dauerte aber viel länger als bei der Guillotine. Die Vorschrift lautete, den Erhängten frühestens nach zwanzig Minuten wieder abzunehmen, vorher dürfe man mit dem sicheren Eintreten des Todes nicht rechnen.

Die Hinrichtungen mußten bei Kerzenlicht durchgeführt werden, da das elektrische Licht ausgesetzt hatte. Erst in der

Morgenfrühe, um acht Uhr, stellten die erschöpften Henker ihre Tätigkeit ein, um sie am Abend mit frischen Kräften wieder aufnehmen zu können.

In diesen drei Septembernächten starben dreihundertsechzig Menschen den Tod am Galgen: Lehrer, Beamte, Arbeiter, Kaufleute, Offiziere und Künstler.

Neben dem Hinrichtungsschuppen lag noch tagelang ein Berg von nackten Leichen. Sie konnten nicht fortgeschafft werden, weil die heftigen Fliegerangriffe jeden Transport verhinderten. Auch das gehört zu den grauenhaften Eindrücken, die ich nie vergessen kann: die entstellten, bleichen Körper von Menschen, aufeinandergeworfen wie Lumpen.

Die Rote Kapelle

Ich berichtete bisher von einzelnen deutschen Widerstandskämpfern, mit denen ich die letzten Stunden vor ihrer Hinrichtung verbrachte. Dann erwähnte ich die ausländische Antihitlerbewegung, besonders die holländischen, norwegischen und tschechischen Gruppen, die mir nahekamen. Die deutsche antifaschistische Widerstandsbewegung lernte ich vor allem in zwei Gruppen kennen: in der Gruppe Schulze-Boysen-Harnack und in der Gruppe der Verschwörer des 20. Juli 1944. Ich hatte auch weiterhin mit außerhalb dieser Gruppen stehenden Kämpfern, Einzelgängern oder Angehörigen anderer Widerstandsgruppen zu tun. Aber die Gruppe Schulze-Boysen-Harnack und die Gruppe des 20. Juli sind die beiden bedeutendsten politischen Organisationen, deren Mitglieder ich als Gefängnisgeistlicher betreut habe.

Die Gestapo hatte die Angewohnheit, solche großen Prozeßkomplexe in ihren Akten mit einem Kennwort zu versehen und zu behandeln. Die Gruppe Schulze-Boysen-Harnack erhielt den Namen »Rote Kapelle«. Warum, habe ich nie herausbekommen. Es erscheint mir zweifelhaft — in diesem Zusammenhang —, ob »Kapelle« in den englischen Zeitungen richtig mit »orchestra« übersetzt wurde oder vielleicht besser mit »chapel« übersetzt werden sollte. Es war wohl nichts anderes als eine willkürliche technische Bezeichnung der politischen Polizei. Es hat auch »schwarze« und »gelbe Kapellen« in den Akten gegeben. Die Gruppe vom 20. Juli wurde von der Gestapo — im »witzigen« Gegensatz zur »Roten Kapelle« — »Barock« getauft.

Es kann hier nicht meine Aufgabe sein, die Geschichte der deutschen Widerstandsbewegung zu schreiben. Damals forschte ich nicht nach den politischen Absichten der Gefangenen, die mir anvertraut waren. Ich tat es bewußt nicht. Fragen nach politischen Motiven und Taten mußten den Gefangenen nur mißtrauisch machen. Auch die Mitglieder der »Roten Kapelle« bedrängte ich nicht mit Fragen, soweit sie nicht selbst reden wollten.

Im Laufe des Jahres 1943 wurde es mir dann allerdings klar, daß es sich hier um Kämpfer einer bestimmten politischen Organisation handelte. Nach der Hinrichtung von elf Menschen am 22. Dezember 1942 — Oberleutnant der Luftwaffe Harro Schulze-Boysen und seine Frau Libertas Schulze-Boysen, Oberregierungsrat im Reichswirtschaftsministerium Dr. Arvid Harnack, Kurt Schulze, Bildhauer Kurt Schumacher und seine Frau Elisabeth Schumacher, Legationsrat Rudolf von Scheliha, Sekretärin im Auswärtigen Amt Ilse Stöbe, Hans Coppi, Student Horst Heilmann und Handelsvertreter John Graudenz — lieferte die Gestapo eine ganze Reihe von Gefangenen — es werden wohl etwa achtzig Personen gewesen sein — in Plötzensee ein. Es waren Männer und Frauen, die mit Schulze-Boysen und Harnack zusammen gearbeitet hatten. Sie galten zunächst als Untersuchungsgefangene, wurden aber zum größten Teil zum Tode verurteilt und im Laufe der Zeit hingerichtet.

Arvid Harnack

Ich hatte nicht den Eindruck von einem geschlossenen Programm dieser Gruppe. Sie schien mir das Gesetz zu bestätigen, das Jakob Burckhardt in dem Kapitel über den Ausbruch der weltgeschichtlichen Krisen einmal so formuliert: »Die um einer Sache willen beginnende Krisis hat den übermächtigen Fahrwind vieler andern Sachen mit sich, wobei in betreff derjenigen Kraft, welche definitiv das Feld behaupten wird, bei allen einzelnen Teilnehmern völlige Blindheit herrscht.« Erst bei einer gelungenen Aktion hätte sich die politische Richtung eindeutig offenbart. Doch war es zunächst den meisten Mitkämpfern nicht um einen Putsch, um eine konkrete Aktion zu tun, sondern sie dachten an eine breite Volksbewegung, die geistig vorzubereiten war.

Über die politische Arbeit der »Roten Kapelle« vermittelt

Harro Schulze-Boysen

die nationalsozialistische Urteilsbegründung gewisse Aufschlüsse. Es heißt da:

»Der Oberregierungsrat Dr. Harnack und der Oberleutnant Schulze-Boysen hatten es verstanden, in Berlin eine Schar von Personen aus den verschiedensten Gesellschaftsschichten um sich zu versammeln, die aus ihrer staatsfeindlichen Einstellung kein Hehl machten. Diese Personen waren zum Teil früher Mitglieder der alten KPD, zum andern Teil neigten sie eigenen sozialistischen Gedankengängen zu; ihre Einstellung gegenüber dem nationalsozialistischen Staat war negativ: einige von ihnen waren noch immer fanatische Anhänger des Kommunismus. Sie führten ihre Diskussionen, wobei marxistische und leninistische Literatur besprochen wurde, zunächst in kleinen Zirkeln, in die sie vorwiegend jugendliche Menschen der verschiedensten Gesellschaftsschichten hineinzuziehen verstanden. Sie verfaßten Aufsätze und Berichte, die zur Schulung im eigenen kleinen Kreis dienten; darüber hinaus verfaßten und verbreiteten sie Hetzschriften kommunistischen Inhalts, in denen sie die Staatsregierung angriffen und schmähten. Wenn sich die Beteiligten auch nach Abschluß des deutsch-russischen Paktes vom 13. August 1939 zunächst eine gewisse Zurückhaltung auferlegten, so setzten sie nach Beginn des russischen Feldzuges (22. Juni 1941) ihre zersetzende Tätigkeit in verstärktem Maße fort. Mit ihrer Propaganda suchten sie insbesondere die Künstler, Wissenschaftler, die Polizei und die Wehrmacht zu gewinnen. In ihren zahlreichen Schriften und Broschüren vertraten sie immer wieder den Gedanken, daß nur das Zusammengehen mit dem Bolschewismus die Eigenstaatlichkeit des Reiches retten könne.«

Die Anklage umfaßte – nach den Berichten der Überlebenden und den Akten, die man fand – unter anderem folgende Punkte:

Es habe ein ständiger Kontakt mit Antifaschisten in Holland, Belgien, Schweden, der Schweiz, der Tschechoslowakei und Rußland bestanden. Es seien Antifaschisten, die aus dem KZ geflohen waren, auf heimlichen Wegen ins Ausland gebracht worden. Es seien Geheimsender betrieben worden. Es sei eine revolutionäre Organisation der in Deutschland arbeitenden ausländischen Arbeiter und ihre Zusammenfassung in »Legionen« durchgeführt worden. Es sei eine eigene Geheimdruckerei betrieben worden. Es seien zahlreiche Flugblätter verfaßt und verbreitet worden, darunter Agitationsschriften: »Das Werden der Nazibewegung«, »Wie es zum Kriege kommen mußte«, »Warum der Krieg verloren ist«, »Aufruf zum Widerstand«. Weitere illegale Flugschriften enthielten eine Arbeit, die das Leben Napoleons mit dem Leben Hitlers in Vergleich setzte, sie enthielten ferner Reden von Thomas Mann,

Roosevelt, Stalin, Ernst Wiechert und Bischof Wurm. Ein weiteres Flugblatt enthielt einen flammenden Aufruf zum Widerstand aller Berufe und Organisationen gegen die Hitlerregierung, ein anderes brachte ein entlarvendes »Gutachten der norddeutschen Industrie«, einen Kommentar über die zum Kriege führenden Verhältnisse. Eine Zeitschrift »Innere Front« war von John Sieg und Guddorf herausgegeben worden, ein Flugblatt »Clausewitz« von John Sieg, eine Analyse des nationalsozialistischen Imperialismus von Harnack, ein Flugblatt »Freiheit und Gewalt«, ein Aufruf Adam Kuckhoffs »An die Arbeiter der Stirn und der Faust, nicht gegen Rußland zu kämpfen«, ein Brief des Polizeihauptmanns Deuken an seinen Sohn usw. Weiter wurden der Organisation Industriesabotage, Zettelklebeaktionen und dergleichen vorgeworfen, außerdem die Abhaltung von Aufklärungskursen zur Bildung einer intellektuellen Elite, die von Schulze-Boysen und Harnack, dem Marburger Professor Werner Krauß und dem Neurologen Dr. Rittmeister gebildet wurde. »Der Organisator dieses großen und weitreichenden Kreises«, schreibt einer der Überlebenden der »Roten Kapelle«, der Dichter Günther Weisenborn, in der Zeitschrift »Lilith«, Berlin, 5. März 1948, »war der Fliegeroberleutnant Harro Schulze-Boysen, ein Großneffe von Tirpitz und eine der herrlichsten jungen Gestalten in der Geschichte der Freiheitskämpfe, schlank, blond, liebenswürdig, heiter und hochbegabt. Er galt im Luftfahrtministerium als ein Mann mit großer Zukunft, hatte in der Berliner Studentenschaft 1931 eine führende Rolle gespielt, dann die Zeitschrift ›Gegner‹ herausgegeben. Nach 1933 begann seine Entwicklung zum Sozialismus hin, gleichlaufend mit der Gründung von illegalen Gruppen. Die Kontakte gingen nach Zürich, Brüssel und Stockholm. Ein Funksender wurde eingesetzt, dessen Sendungen zum Teil von einem Segelboot auf dem Wannsee stattfanden.

Dr. Arvid Harnack, Oberregierungsrat im Reichswirtschaftsministerium, war eine sachliche, wissenschaftliche Natur, der sich mit großer Würde verteidigte, ein Mann, dessen eminente Begabung bekannt war und dessen Arbeiten von der internationalen Fachwelt mit Achtung diskutiert wurden ... Er war eine der bedeutendsten Persönlichkeiten der deutschen Freiheitsbewegung ... Als Arvid Harnack und Schulze-Boysen ihre Gruppen vereinten, begann eine Zeit höchster Aktivität ...«

Ein anderes Mitglied dieser Gruppe, die Frau des Dichters Adam Kuckhoff, Greta Kuckhoff, die im Februar 1943 vom Reichskriegsgericht zum Tode verurteilt und dann zu einer zehnjährigen Zuchthausstrafe begnadigt wurde (befreit durch die Rote Armee im Mai 1945), schreibt über die Zusammenarbeit der beiden Männer Harnack und Schulze-Boysen in ihrer Biographie »Adam Kuckhoff zum Gedenken«, Aufbau-Verlag, Berlin: »... Bei aller temperamentmäßigen Verschiedenheit war beiden eins gemeinsam: eine tiefe Liebe zu Deutschland. Beide wollten, daß ihr Vaterland den Fortschritt in der Welt nicht hemmte, sondern mit vorantragen helfe. Es sollte durch die schnelle Beendigung des Krieges, durch die eigene Befreiung vom Nationalsozialismus Kraft genug entfalten, seine guten Kräfte für die freiheitliche und fortschrittliche Entwicklung in der Welt wirkungsvoll mit einzusetzen ... Neun Jahre lang bin ich Zeuge ständiger Diskussionen und Taten gewesen, die alle aus der Liebe zu diesem Vaterland erwuchsen. Allerdings aus der kritischen Liebe, der Liebe eines Sozialisten, die nicht blind sein kann ...«

Greta Kuckhoff glaubt, daß die Aufdeckung der Gruppe im September 1942 durch das Reichssicherheitshauptamt mit den üblichen technischen Hilfsmitteln erreicht worden sei. Das sei durchaus kein Wunder gewesen – nach einer neunjährigen illegalen Arbeit! Auf die Dauer hätte man auch bei allen Vorsichtsmaßnahmen diese Arbeit nicht geheimhalten können. Sie habe zu große Kreise gezogen.

In der Tat sammelte die »Rote Kapelle« allmählich Kräfte aus allen Schichten des Volkes: Wissenschaftler und Arbeiter,

Künstler und Soldaten, Beamte und Angestellte. Es wurden, so hieß es, sechshundert Funktionäre in ganz Deutschland und in den besetzten Gebieten verhaftet, die nach konspirativen Regeln einen Kontakt mit der Schulze-Boysen-Harnack-Gruppe hatten. Es erfolgten über sechzig Hinrichtungen …

Alle diese großen Zusammenhänge erfuhr ich erst viel später. Ich will nun von meinen persönlichen Erfahrungen erzählen und sie durch andere Berichte und Dokumente ergänzen.

Die Vorbereitungen für die Hauptverhandlung gegen die erste Gruppe der »Roten Kapelle« waren streng geheim. Auch mir, dem zuständigen Wehrmachtspfarrer, war vom Reichskriegsgericht und seinem Anklagevertreter, Oberstkriegsgerichtsrat Dr. Manfred Roeder, eine Mitteilung über die geplante Vollstreckung nicht zugegangen. Als ich mich später bei Roeder beschwerte, sagte er zynisch: »Eine Beteiligung der Geistlichen war nicht vorgesehen!«

Nur durch meine Beziehungen zu den Beamten des Gefängnisses Plötzensee erfuhr ich rechtzeitig, daß für den Nachmittag des 22. Dezember 1942 eine Gruppe »hochpolitischer Verurteilter« zu erwarten sei. Ich kam gerade zurecht, als die Gefangenen aus dem Wagen des Reichskriegsgerichts ausgeladen und in die Todeszellen Plötzensees übergeführt wurden. Da ich in der Anstalt auch sonst ein und aus ging, fiel ich nicht weiter auf. Ich besuchte die Verurteilten sofort und war den ganzen Nachmittag bis zum Abend bei ihnen. Die Vollstrekkung sollte abends stattfinden.

Ich war einige Tage vorher schon vom Auswärtigen Amt, und zwar von Hans von Haeften (ein späteres Opfer des 20. Juli), vertraulich nach dem Verbleib des Legationsrats Rudolf von Scheliha gefragt worden. Nun überraschte es mich, in dem ersten Verurteilten, auf den ich stieß, Rudolf von Scheliha zu treffen. Er war ein betont bürgerlicher Mann, früh gealtert und resigniert. Politisch gehörte er eigentlich nicht zur Grupppe Boysen-Harnack. Er war durch äußere Umstände in diesen Prozeß verwickelt worden.

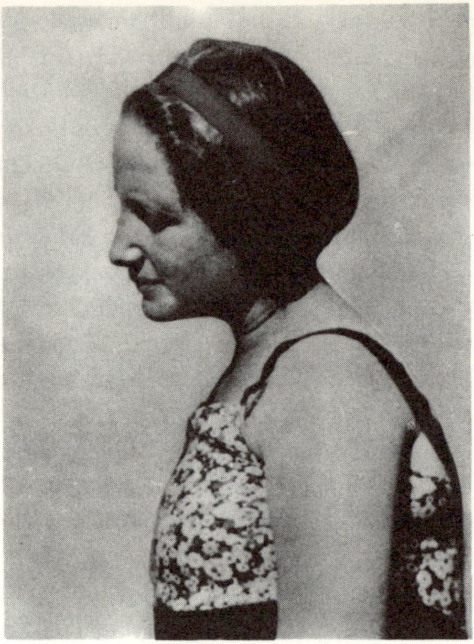

Elisabeth Schumacher

Neben seiner Zelle, in den anderen Todeszellen des Gefängnisflügels, warteten die bewußten Angehörigen der Gruppe auf ihre Hinrichtung. In der Nachbarzelle lag die Frau des Bildhauers Kurt Schumacher, Elisabeth Schumacher, eine leidenschaftliche und ernste Kampfgefährtin ihres Mannes.

Kurt Schumacher, ein großer blonder Mann, hatte die typischen Züge des Künstlers. Er war großzügig, aufgeschlossen und unbefangen. Ja, er zeigte selbst in dieser Stunde eine Heiterkeit des Gemütes, die micht tief beeindruckte. Ein Brief vom 27. November 1942, den man später in seiner früheren Zelle in der Prinz-Albrecht-Straße versteckt fand, gibt das Wesen Schumachers überzeugend wieder:

»Man nahm mir einen großen, doppelseitig eng beschriebenen Bogen fort, meinen Nachlaß. Ich schrieb darin über meine

Kurt Schumacher

trostlosen Tage hier, und daß ich aus Gründen der Selbsterhaltung für mich und das Volk die Chaospolitik der Nationalsozialisten bekämpft habe und deshalb hier bin. Einen Ausweg, ein Leben der Freiheit, der Menschenwürde und des Wohlstandes können nur die internationalen Sozialisten schaffen in einem sozialistischen Europa. Deshalb habe ich in ihren Reihen bis zum letzten gekämpft.

Riemenschneider, Veit Stoß, Jörg Ratgeb, die im Bauernkriege an der Seite der Bauern fielen, waren als meine Kollegen meine Vorgänger. Ich habe getan, was ich konnte, und falle für meine Idee, nicht für eine fremde, feindliche.

Ich grüße aus ganzem Herzen, Mutter, Toni, Hilde und alle, alle, alle meine lieben, lieben Freunde. Gefesselt, unter fast ständiger Beobachtung geschrieben. Ich weiß, daß meine, unsere Idee siegt, wenn auch wir, die kleine Vorhut, fallen. Wir hätten gern dem deutschen Volk das Härteste erspart. Unsere kleine Schar hat aufrecht und tapfer gekämpft. Wir haben für die Freiheit gestritten und konnten nicht feige sein. Oh, Kraft bis zuletzt!

Meine tapfere Elisabeth, Du Liebste! Euer Kurt.«

Arvid Harnack, geb. 1901 in Darmstadt, war ohne Zweifel der geistige Mittelpunkt der »Roten Kapelle«. Er stammte aus einer alten Gelehrtenfamilie und war der Neffe des berühmten Theologen Harnack. 1927 bis 1929 lebte er in Amerika. Dort entstand seine Arbeit: »Die vormarxistische Arbeiterbewegung in den Vereinigten Staaten«. Über seine Entwicklung schreibt Karl Schirdewan:

»In den zweieinhalb Jahren seines Lebens inmitten des amerikanischen Wirtschaftssystems und in der Beobachtung seiner Erschütterungen mag der Grundstein für seine Entschlossenheit gelegt worden sein, ein überzeugter Anhänger der Planwirtschaft zu werden. 1929 bis 1932 konnten er und seine Frau Mildred, eine Amerikanerin, diese Auffassung theoretisch untermauern und festigen durch ihre Teilnahme an der ›Gießener Schule‹, die die Krisis des Kapitalismus und die sozialistische Planwirtschaft der Sowjetunion einem systematischen Studium unterwarf. Hier lernte er auch den Kampf zwischen den faschistischen und antifaschistischen Gesinnungen in aller geistigen Schärfe kennen. Ein Besuch der Sowjetunion im Jahre 1932 im Rahmen einer wissenschaftlichen Studienreise ließ den Plan reifen, ein ›Handbuch der Sowjetunion‹ vorzubereiten. Die faschistische Diktatur verhinderte die Herausgabe im Frühjahr 1933. Mit Beginn der faschistischen Herrschaft in Deutschland hätte Harnack seine Heimat verlassen und die Entwicklung in Deutschland abwartend von Amerika her verfolgen können. Er tat es nicht. Er blieb in Deutschland, entschlossen, sich an der Organisation des unterirdischen Kampfes gegen die faschistische Herrschaft innerhalb des Landes zu beteiligen. Seine Natur begünstigte ihn bei seinem Entschluß. Im Gegensatz zu seinem Mitkämpfer Schulze-Boysen, der eine impulsive, leidenschaftliche Art im Auftreten besaß und in offener Weise seine Meinungen anderen, nicht immer erprobten Menschen vermittelte, war Harnack ein Mann mit starkem Hang zur Vorsicht und zum Mißtrauen. Er verband eine sachliche, wissenschaftliche Natur mit großer Ruhe und einer konspirativen Begabung ...« (»Ein gerechter Kampf« in »Unser Appell«, Berliner Halbmonatsschrift der VVN, 1. Januar 1948.)

In meiner Erinnerung lebt er als ein differenzierter, feinsinniger Mann. Er hielt sich bereit, für das zu sterben, wofür er eingetreten war. Aber er wußte genau und sagte es mir, daß mit diesem Opfer weder der Geist des Regimes gebrochen noch Deutschland gerettet werden würde. Er machte sich bis in die letzte Stunde tiefe Sorgen um das deutsche Volk. Er fand die Seele des Volkes durch Hitler und seine Gesellen »ausgelaugt«.

Um zwei Dinge bat er mich. Er wollte noch einmal die orphischen Urworte Goethes hören. Da auch ich diese Worte sehr liebe, war ich in der Lage, sie ihm frei zu zitieren: »Wie an dem Tag, der dich der Welt verliehen – Die Sonne stand zum Gruße der Planeten ...« Selten habe ich mich so über ein geistiges Besitztum gefreut, das ich einem Menschen geben konnte, der in seiner letzten Stunde danach verlangte. Dann bat mich Harnack um die Weihnachtsgeschichte. Es war zwei Tage vor dem Heiligen Abend.

Hier der letzte Brief Arvid Harnacks, geschrieben am 22. Dezember 1942:

»Meine Lieben! –

In den nächsten Stunden scheide ich aus dem Leben. Ich möchte Euch noch einmal für alle Liebe danken, die Ihr mir erwiesen habt, gerade auch in der letzten Zeit. Der Gedanke an sie hat mir alles Schwere leicht gemacht. So bin ich ruhig und glücklich. Auch denke ich an die gewaltige Natur, mit der ich mich so verbunden fühle. Heute morgen habe ich laut vor mir hergesagt: ›Die Sonne tönt in alter Weise ...‹ Vor allem aber denke ich daran, daß die Menschheit sich im Aufstieg befindet. Das sind die drei Wurzeln meiner Kraft.

Eine besondere Freude war mir, zu erfahren, daß es in der nächsten Familie voraussichtlich bald eine Verlobung gibt. Ich möchte gern, daß mein Siegelring, der von meinem Vater stammt, an F. fällt. Seinen Siegelring kann dann L. erhalten. Der Siegelring wird Euch mit meinen Sachen zugehen.

Heute abend werde ich noch eine kleine Vorweihnachtsfeier veranstalten, indem ich mir die Weihnachtsgeschichte vorlese. Und dann kommt der Moment des Scheidens.

Gern hätte ich Euch alle noch einmal gesehen, aber das geht nun leider nicht. Meine Gedanken sind aber bei Euch allen, und ich vergesse dabei keinen: das muß jeder fühlen, besonders Mutter.

Seid alle noch einmal umarmt und geküßt von Eurem

Arvid.

Weihnachten müßt Ihr richtig feiern. Das ist mein letzter Wille. Singt dann auch: ›Ich bete an die Macht der Liebe.‹ «

Harnacks Frau, Mildred Harnack, Amerikanerin, Lektorin für Englisch und Deutsch an der Berliner Universität, leidenschaftliche Goethe-Verehrerin, glaubten wir in dieser Stunde noch retten zu können, denn sie war nicht mit zum Tode verurteilt worden. Erst den Bemühungen Roeders — der sich später damit brüstete, es sei ihm gelungen, rund hundert Intellektuellen und Arbeitern den Kopf vor die Füße zu legen — in den nächsten beiden Monaten ist es zuzuschreiben, daß ihr Verfahren erneut aufgenommen und sie zum Tode verurteilt wurde. Die Nachricht vom Tode ihres Mannes habe ich ihr erst in ihrer eigenen letzten Stunde geben können. Sie starb am 16. Februar 1943.

Mildred Harnack

Die Schwester Arvid Harnacks, Inge Havemann, schreibt über ihre Schwägerin Mildred:

»Von dem Tage an, an dem er die schöne junge Dozentin Mildred Fish als seine Frau mit nach Deutschland brachte, bis zu dem Tag, an dem Mildred angesichts des Todes in Plötzensee die Worte sprach ›Und ich liebe doch Deutschland‹ – es lagen etwa 15 Jahre dazwischen –, lebte Mildred ein mühevolles, aber erfülltes Leben. Sie setzte ihre Studien an deutschen Universitäten fort und begann an einem Abendgymnasium im Osten Berlins zu unterrichten. Aus jener Zeit stammte ihr tiefes soziales Verständnis, ihre Liebe für das arbeitende Deutschland. Nach ihrer Promotion wurde sie Dozentin an der Lessinghochschule und später an der Universität Berlin.

Sie übertrug verschiedentlich amerikanische Romane ins Deutsche, so Walter Edmonds ›Drums along the Mohawk‹ und Stones Van-Gogh-Roman ›Lust for Life‹. Zuletzt sollte sie für den Verlag Rütten und Loening Goethe-Gedichte ins Englische übertragen. Daneben war sie eine fast kindlich unbeholfene Hausfrau mit viel Sinn für Schönheit und reine menschliche Atmosphäre.

Dies waren die sichtbaren Umrisse ihres Lebens. Über das, was wirklich ihr Herz bewegte, sprach sie nur wenig. Ihre Äußerungen waren spröde, doch oft von überraschender Klarheit. Anfangs trug sie nur als Gefährtin das kämpferische Schicksal ihres Mannes mit. Sie teilte die Unruhe seines Lebens, erwartete ihn nächtelang von heißer Angst erfüllt, lief ihm wohl auch durch die dunklen Straßen der Stadt entgegen. Doch im gleichen Maße, in dem Deutschland immer tiefer sank, in dem Maße, in dem die menschlichen Werte nichts mehr galten, in eben diesem Maße erwuchs in Mildred der Wille und damit auch der Mut zur Wahrheit. Sie wurde selbst aktives Mitglied der Widerstandsgruppe ihres Mannes, für die sie ihr Leben einsetzte. Im September 1942 wurde sie mit ihrem Mann am ersten Urlaubstag an der Ostsee verhaftet. Keiner von uns hat sie je wiedergesehen. Keine Besuchserlaubnis oder sonstige Erleichterung wurde ihr zuteil. Einzelhaft, keine Leseerlaubnis, keine Schreiberlaubnis. Am 19. Dezember wird sie zu sechs Jahren Zuchthaus verurteilt. Hitler erkennt dies Urteil nicht an. Am 15. Januar 1943 kommt es zu einer zweiten Verhandlung (ohne weitere Beweisaufnahme). Das Urteil wird wieder kommandogeheim. Am 16. Februar 1943 stirbt Mildred Harnack durch das Fallbeil. Sie hinterläßt als letzten Gruß zwei schöne Neugestaltungen Goethescher Verse in ihrer englischen Muttersprache und wenige Worte auf einem Bildnis ihrer Mutter. Schön und mit leuchtend blonder Haarfülle hatte sie fünf Monate vorher das bunte Leben gegen die dunkle Einsamkeit der Zelle tauschen müssen. Als weißhaarige, gebeugte Frau trat sie den letzten Gang an. Was mag sich in diesen fünf Monaten an Leid auf sie gesenkt haben? Kein Mensch wird es je erfahren.«

Während ich Harnack als den bedeutendsten Kopf der »Roten Kapelle« bezeichnen möchte, empfand ich Harro Schulze-Boysen als ihren leidenschaftlichsten. Ein Mitarbeiter, Arnold Bauer, charakterisiert Schulze-Boysen in seinen Aufzeichnungen folgendermaßen:

»Wir waren alle von Harros Spannkraft und seiner Begeisterungsfähigkeit stark beeindruckt. Doch schien er in seinen Prognosen der tatsächlichen Entwicklung vorauszueilen. Für ihn war schon fast vollendete Tatsache, was sich erst allmählich anzudeuten begann ...«

Eine kurze biographische Zusammenfassung gibt Karl Schirdewan in seinem schon erwähnten Bericht:

»1933 wurde Schulze-Boysen (geb. 1909 in Kiel) von den Faschisten eingesperrt und schwer mißhandelt. Die Ereignisse des Jahres 1933, die Machtübernahme durch den Nationalsozialismus, drängten ihn, der Jahre vorher noch um eine feste politische Haltung gerungen hatte, zu einer weltanschaulichen Entscheidung. Seine eigenen politischen Erfahrungen waren bereits so tiefgehend, daß seine politische Konzeption nicht in der Verneinung des Hitlerregimes stehenblieb, sondern zur positiven gesellschaftlichen Lösung fand. Er wurde Revolutionär, Sozialist und überzeugter Freund der Sowjetunion.

Die Traditionen der Familie Schulze-Boysen gaben ihm eine gute Deckung für seine antifaschistische Einstellung, und so wurde er als Referent in das Reichsluftfahrtministerium eingestellt. Bei seiner Verhaftung hatte er den Dienstgrad eines Oberleutnant erreicht und leitete seit geraumer Zeit ein Referat im Abwehrdienst des Reichsluftfahrtministeriums. Diese Funktion ermöglichte ihm einen tiefen und umfassenden Einblick in die wichtigsten internen Verhältnisse des Hitlerregimes. Eine solche Stellung gestattete ihm ferner, seine eigenen kritischen Kenntnisse der internationalen Beziehungen und Probleme trotz der isolierten Lage des deutschen Geistes – kulturellen und gesellschaftlichen Lebens – weiterhin auszubauen. Schulze-Boysen sah sich in der glücklichen Lage, seine eigene Position als eine Schlüsselstellung des Widerstandes zu entwickeln, die ihm zuströmenden Informationen zur Erweiterung des Blickfeldes seiner mit ihm konspirierenden antifaschistischen Freunde benutzen zu können. Seit 1935 sammelte er um sich etwa vierzig bis fünfzig meist junge Menschen, denen er die geistigen Grundlagen des Antifaschismus vermittelte und aus denen er neue Kader des Widerstandes entwickelte.

Als der Krieg ausbrach, war die Organisation nicht nur in Paris fest verankert, wo sie wichtige Schlüsselpositionen im Luftfahrt-, Wirtschafts-, Propagandaministerium, im Auswärtigen Amt, im Funkhaus usw. besaß, sondern weitere Gruppen bestanden in Hamburg und im Ruhrgebiet und durch die Wehrmacht in den von Deutschland besetzten Gebieten. Außerdem gab es viele Verbindungen zu Persönlichkeiten in allen Teilen Deutschlands.

Die Freunde und Mitarbeiter Schulze-Boysens schildern ihn als einen der begabtesten Menschen ihres Umkreises, von großer Aufgeschlossenheit und einer faszinierenden Fähigkeit, Diskussionen von überzeugender Argumentation zu führen.

Er wurde auf das schwerste mißhandelt; ihm wurden Waden- und Daumenschrauben angelegt, und sein Körper wurde ultravioletten Bestrahlungen ausgesetzt.

Als Schulze-Boysen sein Schlußwort vor dem Reichskriegsgericht mit einem mutigen Protest gegen die Verbrechen der Gestapo begann, die sie an ihm und seinen Freunden verübt hatten, entzog ihm das Gericht das letzte Wort. Wenige Sekunden vor seiner Hinrichtung sprach er die Worte: ›Ich sterbe als Kommunist!‹ «

Nach meinem Eindruck fand er sich nicht, wie die anderen, mit der Vollstreckung des Todesurteils ab. Zwar war er äußerlich gefaßt, aber innerlich leidenschaftlich erbittert über das Schicksal, das ihm und seiner Bewegung geworden war. Eine solche Haltung wird ja nicht von logischen und rationalen Erwägungen bestimmt, sondern ist Sache des Temperaments und der Leidenschaft. Und Schulze-Boysen hatte ein starkes Temperament.

Auch sein Abschiedsbrief, geschrieben vor seiner Hinrichtung am 22. Dezember 1942, charakterisiert ihn:

»Geliebte Eltern!

Es ist nun so weit. In wenigen Stunden werde ich aus diesem Ich aussteigen. Ich bin vollkommen ruhig und bitte Euch, es auch gefaßt aufzunehmen. Es geht heute auf der ganzen Welt um so wichtige Dinge, da ist ein Leben, das erlischt, nicht sehr viel. Was gewesen ist, was ich getan — davon will ich nicht mehr schreiben. Alles was ich tat, tat ich aus meinem Kopf, meinem Herzen und meiner Überzeugung heraus, und in diesem Rahmen müßt Ihr als meine Eltern das Beste annehmen. Darum bitte ich Euch!

Dieser Tod paßt zu mir. Irgendwie habe ich immer um ihn gewußt. Es ist ›mein eigener Tod‹, wie es einmal bei Rilke heißt!

Das Herz wird mir nur schwer, wenn ich an Euch Lieben denke (Libertas ist mir nah und teilt mein Schicksal zur gleichen Stunde). Euch trifft Verlust und Schande zugleich. Ich hoffe nicht nur, ich glaube, daß die Zeit Euer Leid lindern wird. Ich bin nur ein Vorläufer gewesen in meinem teilweise noch unklaren Drängen und Wollen. Glaubt mit mir an die gerechte Zeit, die alles reifen läßt!

Ich denke an Vaters letzten Blick, bis zuletzt. Ich denke an die Weihnachtsträne meiner lieben kleinen Mutter. Es bedurfte dieser letzten Monate, um Euch so nahe zu kommen. Ich habe, ich verlorener Sohn, ganz heimgefunden zu Euch, nach so vielem Sturm und Drang, nach soviel Euch fremd anmutenden Wegen.

Ich denke an den guten Hartmut und freue mich, daß es ihm besser geht! Meine Gedanken wandern nach Freiburg zurück, wo ich auch Helga und ihre beiden zum ersten- und letztenmal sah. Ja, ich denke an so manche – zurück an ein reiches, schönes Leben, von dem so vieles ich Euch verdanke, so vieles, das nie gelohnt wurde.

Wenn Ihr hier wäret, unsichtbar seid Ihr's: Ihr würdet mich lachen sehen angesichts des Todes, ich habe ihn längst überwunden. In Europa ist es einmal so üblich, daß geistig gesät wird mit Blut. Mag sein, daß wir nur ein paar Narren waren, aber so kurz vor Toresschluß hat man wohl das Recht auf ein bißchen ganz persönliche historische Illusion.

Ja, und nun gebe ich Euch allen die Hand und setze nachher eine (eine einzige) Träne hierher als Siegel und Pfand meiner Liebe.

Euer Harro.«

Seine Frau Libertas, eine Enkelin des Fürsten Philipp Eulenburg, wurde zur gleichen Stunde hingerichtet. Es ist schwer, ihr gerecht zu werden. Sie war kein Mensch starken Willens und großer Konsequenz. Unkritisch und stark beeindruckbar, war sie in die Fänge eines Spitzels geraten, der angeblich Mitgefangenen Gertrud Breyer. Diese hatte Kassiber zwischen Frau Libertas und ihrer Mutter vermittelt. Die Breyer ließ der Gestapo Abschriften zugehen; die Kassiber enthielten zum Teil auch politische Nachrichten. Diese Tatsachen erfuhr Libertas Schulze-Boysen erst kurz vor ihrem Tode. Sie sagte mir, wie sehr sie es bedauere, einem Spitzel vertraut zu haben. Sie könne es nur aus ihrer Haftpsychose erklären. Die Breyer sei der erste Mensch gewesen, der sie im Gefängnis umarmt und freundlich mit ihr gesprochen habe.

Nicht vergessen werden darf die Behandlung, die ihre Mutter, die zarte, zerbrechliche Pianistin Thora Eulenburg, durch die Gestapo und Hermann Göring erfuhr. Am 23. Dezember 1942, einem stürmischen, kalten Wintertag, ging sie mit einem Weihnachtspaket für die Tochter durch alle Dienststellen Berlins, zum Alexanderplatz, zur Prinz-Albrecht-Straße, zum Kaiserdamm, zur Lehrter Straße. Sie wurde von einer Stelle zur anderen weitergeschickt, obgleich jeder Auskunftgebende wußte, daß die Tochter tot war. Gräfin Eulenburg wandte sich schließlich an Göring, dem sie mitunter Klavier vorgespielt hatte. Auch Göring hielt sie hin. Endlich nach Neujahr, nachdem sie das Weihnachtsfest in furchtbarer Ungewißheit verbracht hatte, ließ Göring durch seinen Adjutanten dem Fürsten Eulenburg mitteilen, Libertas sei am 22. Dezember hingerichtet worden ...

Die Persönlichkeit Hans Coppis ist mir nicht mehr deutlich in Erinnerung. Sie wurde überschattet durch den Fall seiner Frau Hilde Coppi. Frau Coppi hatte im November 1942 ein Kind im Gefängnis bekommen. Im Januar 1943 wurde sie zum Tode verurteilt. Das Kind, acht Monate alt, nahm man ihr im Juli fort. Im August 1943 fiel sie dem Henker zum Opfer.

Die Stenotypistin vom Auswärtigen Amt, Ilse Stöbe, die Mitarbeiterin Schelihas, ist mir noch gut im Gedächtnis. Sie war ein schönes, kluges Mädchen, gewöhnt, politisch zu denken und zu arbeiten.

In engere Beziehung kam ich zu Walter Husemann. Er war für mich der Prototyp des politischen Kämpfers, ein Vertreter der revolutionären Arbeiterschaft. Er war Werkzeugmacher. Von guter körperlicher und nervenmäßiger Gesundheit, war er nicht unterzukriegen, trotz der langen Haftzeit. Er war leidenschaftlich, aber zugleich vorsichtig, verschwiegen, dabei immer bereit, jede Verbindung nach draußen auszunutzen. So war es ihm gelungen, regelmäßig von seinem hochgelegenen Fenster aus durch Winkzeichen mit seinem Vater über die Gefängnismauer hinweg in Verbindung zu treten. Der Vater war ein alter Gewerkschaftler, der in der Nähe, im Berliner Norden, wohnte. Husemann zeigte eine ungebrochene Haltung,

Walter Husemann

wenn ihm auch das Sterben schwerfiel. Ich hatte den Eindruck, als ob er geradezu verbittert war, daß man ihn, der so viel noch hätte tun können, nun plötzlich gewaltsam abholte. Er ging gleichsam mit geballten Fäusten in den Tod.

Sein Abschiedsbrief an seinen Vater wird als das Dokument eines Revolutionärs weiterleben.

»Mein lieber Vater!

Sei stark! Ich sterbe, als was ich gelebt habe: als Klassenkämpfer!

Es ist leicht, sich Kommunist zu nennen, solange man nicht dafür zu bluten hat. Ob man wirklich einer war, beweist man erst, wenn die Stunde der Bewährung gekommen ist. Ich bin es, Vater. Ich leide nicht, Vater, glaube mir das! Ich gönne keinem, mich schwach zu sehen. Anständig aus dem Leben zu gehen, das ist die letzte Aufgabe, die ich mir gestellt habe. Erweise Dich Deines Sohnes würdig! Überwinde den Schmerz! Du hast noch Deine Aufgabe zu erfüllen. Du hast sie doppelt und dreifach zu erfüllen, denn Deine Söhne sind nicht mehr.

Armer Vater, aber auch glücklicher Vater, der seiner Idee das Beste opfern mußte, das er zu geben hatte. Der Krieg wird nicht mehr lange dauern — und dann ist Eure Stunde gekommen!

Denkt an alle, die den Weg schon gegangen sind und ihn noch gehen werden, den ich heute gehen muß — und lernt eines von den Nazis: jede Schwäche wird mit Hekatomben von Blut bezahlt werden. Deshalb seid unerbittlich! Bleibe hart!

Ich habe nichts zu bereuen im Leben, höchstens, nicht genug getan zu haben! Mein Tod wird aber wohl auch die versöhnen, die mit mir nicht immer einverstanden waren! Ach Vater, Vater, Du Lieber, Guter! Wenn ich nicht fürchten müßte, daß Du unter meinem Tod zusammenbrichst!

Hart bleiben, hart, hart.

Beweise jetzt, daß Du aus innerstem Herzen Dein Leben lang Klassenkämpfer warst!

Helfe ihm, Frieda, richte ihn auf! Er darf nicht zugrunde gehen! Sein Leben gehört nicht ihm, sondern der Bewegung! Jetzt tausendmal mehr als bisher. Jetzt muß er beweisen, daß seine Überzeugung nicht in einem romantischen Ideal, sondern in unerbittlicher Notwendigkeit wurzelt!

Sorge für Martha! Sie ist Eure Tochter. Sie wird es Euch leichter ertragen lassen, daß ich nicht mehr bin. Grüße alle Bekannten und Freunde. Ich will sie nicht mit Namen nennen. Aber ich drücke noch jedem einzelnen in Gedanken die Hand und danke für alle Liebe und alles Gute.

Ich sterbe leicht, weil ich weiß, warum ich sterben muß. Die mich töten, werden in nicht so langer Zeit einen schwereren

Tod haben. Das ist meine Überzeugung. Hart bleiben, Vater! Hart! Nicht nachgeben! Denk in jeder schwachen Stunde an diese letzte Forderung Deines Sohnes

Walter.«

Der Arzt Dr. John Rittmeister, geb. 1898, Neurologe und Psychiater, Mitglied des Instituts für Psychotherapie in Berlin, stand mir schon vor seiner Verhaftung nahe. Er hatte die typische Zurückhaltung des gebildeten Hamburgers. Er war mir aufgefallen durch die Art, wie er seine Patienten behandelte. Er sah in ihnen keine »Fälle«, sondern Menschen in ihrer psychischen und soziologischen Bedingtheit. Rittmeisters Darstellung und Behandlung der Krankheitsfälle in den poliklinischen Vorstellungen waren immer besonders lehrreich. Er wurde überraschend verhaftet und unter Anklage gestellt. Niemand rührte eine Hand für ihn. Professor Göring, der das Institut leitete, ein Vetter Hermann Görings, hielt eine Rede an das Kollegium, in der er Rittmeister offiziell ausstieß.

In der halbdunklen Zelle setzte John Rittmeister seine wissenschaftliche Arbeit fort. In den letzten Monaten seines Lebens arbeitete er noch an dem eben erschienenen Werk von Harald Schulz-Henke: »Der gehemmte Mensch«. Es war ihm eine große Freude, wenn er mit seinem psychotherapeutischen Kollegen Pfarrer Dr. Ohm und mir diskutieren konnte. Die geistige Arbeit erfüllte ihn so, daß es mir schien, er habe unter der Haft im eigentlichen Sinne nicht gelitten. Politisch ging es ihm um eine sozialistische Neugestaltung Deutschlands und Europas. Ihn beschäftigte unaufhörlich die Frage, ob es möglich sei, die alten Kulturelemente des Abendlandes in die neue Gesellschaftsordnung zu retten. Er hatte versucht, unter den Jüngeren eine intellektuelle Elite heranzubilden, die gelernt hatte, dialektisch zu denken und die Dinge des Lebens niemals einseitig, sondern immer von der philosophischen, soziologischen und historischen Seite zu sehen. Schließlich wurde ihm die Mitarbeit an dem letzten Flugblatt »Agis«

nachgewiesen. Der Name »Agis« stammt von ihm und sollte an die Kämpfe um Sparta 200 v. Chr. erinnern.

Seine Frau schrieb mir über die Tage der Verurteilung:

»John war ein solcher Wahrheitsfanatiker, daß es ihm unmöglich war, sich etwa durch irgendwelche Verschleierungen ein milderes Urteil zu erringen. Er hatte kurz vor unserer Verhaftung mit Werner Krauß eine Aussprache, in der sie ihr Verhalten bei einer etwaigen Verhaftung festlegten. Werner war der Ansicht, daß man der Gestapo in keiner Weise die Wahrheit schuldig war und daß es einzig darauf ankäme, sich irgendwie, aber ohne den anderen Kameraden zu schaden, herauszureden. John sagte darauf: ›Und wenn es mir den Kopf kosten sollte, ich bleibe bei der Wahrheit und sage ihnen ins Gesicht, was ich von ihnen halte.‹ Ich konnte ihn kaum dazu bringen, nach der Beantragung der Urteile, das Schlußwort zu seiner Verteidigung zu ergreifen, und wir setzten uns gemeinsam hin, um während der Gerichtspausen die Punkte zusammenzustellen, die ihn hätten entlasten können. Aber es war keine Verteidigungsrede, die er dann vor den Richtern hielt. Mit leiser Stimme, hinter seinem Stuhl stehend, las er die wenigen Zeilen vor, und es war so, als ob er überhaupt nicht gesprochen hätte. Nie werde ich diese Minuten vergessen.« –

In seinem letzten Brief schrieb er u. a.:

»Das Zellendasein war nicht so schwer für mich, wie es der Außenstehende leicht denkt. Meist habe ich zu wenig Zeit gehabt, um das alles zu erledigen, zu lesen, zu durchdenken, was ich mir vorgenommen. Kant hatte ich noch angefangen (Kritik der reinen Vernunft) und Bergson (Materie und Gedächtnis), den Conrad (Konstit. typus) hab ich vor ein paar Tagen erhalten.«

Und weiter:

»Ist nicht dieser Lebensabschluß doch vielleicht der richtige, vom Unbewußten gewollte und gemeinte; ich, der ich schon mit fünfzehn Jahren von Giordano Brunos Schicksal und Sterben schwer beeindruckt wurde? Auch mein Leben war ein Ringen um Erkenntnis, Sinn und um eine Idee, in erster Linie, so daß das einfache Sichlassen und Genießen oft zu kurz gekommen ist. Also, mein Mackie, lebe wohl, lebe wohl! ›Ich fürchte nichts – nährte die Parze nicht selber mich?‹ Diesen schönen Vers, den Du mir schicktest, von meinem schon als Junge geliebten Hölderlin – er wärmte mich und schützt mich auch jetzt bei meinem letzten Gang. Ich habe ja nichts weiter auszustehen, aber Du, Du mögest die Kraft vom Schicksal erhalten, weiter die schwere Zeit durchzustehen und Dich bereit zu halten für weitere und sicher große, Deiner Berufung, Deinem Sein, Deiner Kraft angemessene Aufgaben ...«

In seinen letzten Stunden waren Dr. Ohm und ich abwechselnd bei ihm.

In seinem Kreis, der in seiner Wohnung regelmäßig zusammenkam, verkehrten außer Werner Krauß, Weisenborn und Harro Schulze-Boysen am häufigsten: Fritz Thiel, Rehmer, Ursula Götze, Horst Heilmann, Küchenmeister, Dr. Paul, Liane Berkowicz, Gollnow.

Immer wieder traf ich in den Gefängnissen auf seine Spuren. So berichtete mir im Wehrmachtsgefängnis der kleine Cay Graf Brockdorff von den Diskussionen um Rittmeister. Er und seine Frau gehörten auch zur Gruppe »Rote Kapelle«. Sie war eine Kleinbürgerstochter aus Pommern, die bis zuletzt mit ihrer Derbheit die Richter zu ärgern vermochte. Ich habe mit ihr in ihrer letzten Nacht längere Zeit gesprochen und bewunderte die Entschlossenheit, mit der sie dem Tode entgegenging. Sie war ein guter Kamerad, nicht sehr differenziert. Aber sie trug ihre Derbheit wohl auch zur Schau, um sich nicht in ihr Herz blicken zu lassen. Sie soll, so wurde mir berichtet, lachend zur Hinrichtung gegangen sein.

Zu der Gruppe gehörten auch der Zahnarzt Dr. Helmut Himpel und seine Freundin, die Studentin Maria Terwiel, die Tochter eines hohen Juristen und seiner jüdischen Frau – Menschen mit einem weiten Gesichtskreis. Während ich Maria Terwiel nur in der letzten Nacht sah, habe ich Himpel oft und regelmäßig besucht. Ich lernte in ihm einen Mann von Überlegenheit und Wärme kennen.

Das tragische Schicksal der Familie Terwiel hat sich mir besonders eingeprägt. Die Angehörigen wollten die Tochter retten, die nicht nur durch ihre Verbindungen zur »Roten Kapelle«, sondern auch durch ihre jüdische Abkunft gefährdet war. Sie versuchten, durch allerlei Zeugnisse und Urkunden – wie es damals üblich war – die Familie soweit zu »arisieren«, daß die Kinder nur noch als »Mischlinge zweiten Grades« zu gelten hatten. Unter großen Bemühungen und mit vielen Kosten war das schließlich gelungen. Der Tochter Maria half es nichts. Wenige Monate nach ihrer Hinrichtung schlug eine Bombe ein und tötete Mutter und Bruder.

Maria Terwiel starb am 5. August 1943. Das war ein denkwürdiger Tag. An diesem Tag wurden auch noch andere Frauen und Mädchen der »Roten Kapelle« hingerichtet: Hilde Coppi, die ich schon erwähnt habe, die junge Tänzerin Oda Schottmüller, die zarte neunzehnjährige Studentin Liane Berkowicz, die Keramikerin Catho Bontjes van Beek und die zweiundzwanzigjährige frische, lebensfrohe Studentin Eva-Maria Buch.

Von den Frauen der Gruppe habe ich außer Maria Terwiel ausführlich mit Eva-Maria Buch gesprochen. Sie war die Freundin des versonnenen und nachdenklichen Paul Guddorf, der ihr im Tode vorausging. Er wurde am 13. Mai 1943 hingerichtet. Ich konnte ihr berichten, wie sehr Guddorf in seinen letzten Tagen an sie gedacht hatte. Das kleine Bildchen von ihr, das er mir vor seinem Tode gegeben hatte, bewahrte ich noch lange bei mir. Erst 1945 konnte ich es den Eltern zustellen …

Maria Terwiel

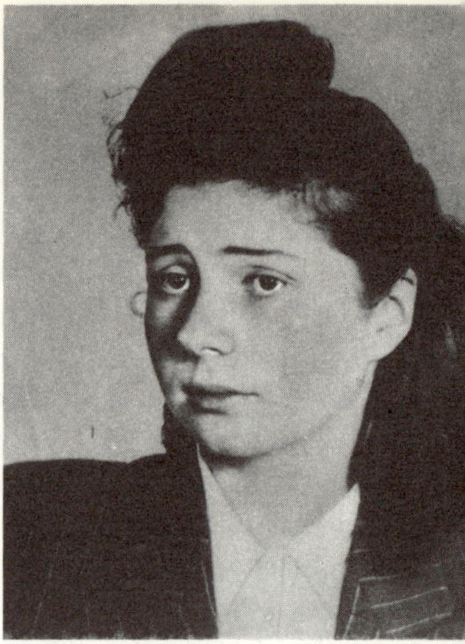

Liane Berkowicz

Oda Schottmüller

Catho Bontjes van Beek

Erika von Brockdorff

Eva-Maria Buch

Hilde Coppi

Ilse Stöbe

Einer der maßgebenden Männer der »Roten Kapelle« war der Dichter Dr. Adam Kuckhoff, geb. 1887. In der Biographie, die seine Frau Greta schrieb (»Adam Kuckhoff zum Gedenken«, Aufbau-Verlag, Berlin), deutete sie die geistige Entwicklung Kuckhoffs. Es sei der Weg eines Menschen gewesen »aus festgegründeter Bürgerlichkeit eines im Aufstieg begriffenen Fabrikantenhauses zum Kämpfer für eine neue Ordnung — die Entwicklung eines der Romantik des Individualismus verhafteten Dichters zum sozialbewußten, sich der Gesellschaft eingliedernden politischen Kämpfer«. »Er sah das Reich der Kunst«, schreibt sie, »nicht in der Tiefe der Seele, sondern in der Klarheit der Erkenntnis alles Menschlichen. Er war so sicher überzeugt von der Notwendigkeit, diese Aufgabe zu lösen, daß er noch in der Todeszelle in Plötzensee mit gefesselten Händen das ›Schema einer dialektischen Ästhetik‹ entwarf.«

Ich habe Adam Kuckhoff oft in Plötzensee besucht. Seine untersetzte, kräftige Gestalt mit dem runden, energischen Kopf wird mir unvergeßlich bleiben. Wir sprachen und diskutierten über alles, viel über literarisch-politische Probleme. Er gab mir seinen »Eulenspiegel«, ein in jedem Satz durchgeformtes starkes Zeitstück. Mehr aber sprachen wir über seine persönlichen Dinge, seine Beziehungen zu seiner Frau und zu seinen Söhnen. Kuckhoff rechnete mit seinem Tode und dem seiner Frau, und er dachte mit viel Sorge an die Zukunft seines fünfjährigen Sohnes Ule.

Der warmherzige, zarte, einfühlende Brief des Vaters an seinen kleinen Sohn zeigt, um mit Greta Kuckhoff zu sprechen, etwas sehr Kostbares: einen Menschen, bei dem Kopf und Herz und Wille in schönem Gleichschritt gehen:

»Mein lieber kleiner großer Sohn!

Ja, mein Großer bist Du und verstehst schon so viel mit Deinem klugen Herzen, das hab ich gespürt, als Du mich hier besuchtest, und darum weißt Du auch und sollst es auch wis-

Adam Kuckhoff

sen, daß Dein Vater traurig ist, weil er an Deinem Geburtstag nicht bei Dir sein kann. Wie gern würde ich in Frankfurt mit Dir vors Haus gehen, wenn es dunkel ist, oder noch lieber in Berlin auf den großen Dachgarten und mit Dir nach den Sternen sehen, die Du immer schon als ganz kleiner Krott so liebgehabt hast.

Ich habe hier viel in dem großen Buch gelesen, in dem alles über die Sterne steht (erinnerst Du Dich?) und habe oft dabei an Dich gedacht, wie Du sie noch einmal sehen wolltest nach dem Luftalarm, und da waren die zwei schönen hellen, die immer zusammenstanden, und dann der große, und Du wolltest wissen, wie er hieß. Weißt Du es noch, nein, sicher nicht: Der König der Sterne – Jupiter. Denke Dir, er hat acht Monde wie unser Mond, und er ist nur so weit weg, daß man sie nicht sehen kann. Aber in Berlin gibt es ein Haus, eine Sternwarte mit Fernrohren, und wenn man hindurchschaut, sieht man die Monde um den Jupiter, und unseren eigenen Mond sieht man ganz groß mit Bergen, so hoch wie die in Traunkirchen. Es tut mir leid, daß wir nicht einmal hingegangen sind, und dann hätten wir auch den Saturn gesehen, der einen großen hellen Ring um sich hat. Das geht nun nicht. Aber weißt Du was? Weil wir beide die Sterne so gern haben, wollen wir in der Stunde Deiner Geburt, so zwischen halb fünf und fünf, aus dem Fenster zum Himmel hinaufsehen und ganz besonders lieb aneinander und an Mutter denken. Und wenn der Himmel voll Wolken ist, so denke, daß es so ist wie damals, als sie Dich geboren hat und fast dabei gestorben wäre, und wenn es klar ist, daß das dieselben Sterne sind, die damals hinter den dunklen Wolken gestanden haben.

Und nun wünsche ich Dir einen schönen Tag mit den Großeltern und sicher mit Harald, Karin und Tante Käthe, die Du alle von Herzen von mir grüßen sollst. Und sag ihnen, daß Mutter mir geschrieben hat und ich ihr, und daß wir sehr froh darüber sind. Auch die süßen Puppen, die sie Dir gemacht hat, habe ich sehen dürfen, die mußt Du, weil in jedem Stich ein sehnsüchtiger, liebevoller Gedanke an Dich ist, ganz besonders in Ehren halten.

Geliebtes Kind, ich nehme Dich in meine Arme und küsse Dich. Schreib mir einmal:

Dein Vater.«

Und schön sind auch die wenigen Zeilen, die Adam Kuckhoff am 5. August 1943, unmittelbar vor dem Gang zur Richtstätte, niederschrieb:

»Für Ule!
Mein lieber Sohn, du großes, spätes Glück,
so lasse ich dich vaterlos zurück?
Ein ganzes Volk – nein, das ist viel zu klein,
das Menschenvolk wird dir dein Vater sein!« ...

Mein Bericht ist unvollständig. Ich kam nicht mit allen Teilnehmern der »Roten Kapelle« in Berührung. Aber auch bei verschiedenen Mitgliedern der Gruppe, die ich besuchte, ist mir ihre Zugehörigkeit nicht klargeworden oder erst viel später. Sie schwiegen mit Recht darüber.

Sie sind zum größten Teil den Tod am Strang gestorben. Für sie wurde auf Befehl von Justizminister Thierack im Schuppen von Plötzensee ein großer T-Träger an der Decke entlang gezogen, an dem auf Rollen acht »Fleischerhaken« liefen. Es geschah – ich erzählte es im vorigen Kapitel – Mitte Dezember 1942. Das heißt, die Hinrichtungsmaschine war schon gebaut, die Vollstreckung stand schon fest, ehe überhaupt der Hauptverhandlungstermin für die Verurteilten stattgefunden hatte. Bedenken, irgendwelche neuen Tatsachen könnten die Verhandlung zu einem anderen Ergebnis als zur Todesstrafe führen, gab es nicht. Hitler hatte – wie er es einmal in einer seiner Reden formulierte – »alles im voraus einkalkuliert« ...

So gingen zwei Tage vor dem Heiligen Abend 1942 die ersten elf Verurteilten der »Roten Kapelle« in den Tod.

Es war ein kalter, trüber Tag mit Ostwind, und es wurde an diesem Nachmittag früh dunkel. Das elektrische Licht flammte Zelle an Zelle auf. Auch im Korridor des Hauses III brannten die Lichter. Der Korridor hatte einen Ausgang nach dem Hof. Nur noch wenige Meter waren es bis zum Hinrichtungsschuppen. Diesen letzten Weg gingen Schulze-Boysen, Arvid Harnack und die übrigen. Einer nach dem anderen wurde hinausgeführt in den Abend.

Und dann wurde es still. Die Wachmannschaft zerstreute sich. Die Vertreter des Staates verließen den Richtplatz. Der diensttuende Beamte, den klirrenden Schlüsselbund in der Hand, schritt schweigend den langen Korridor entlang, schloß die Türen der nun leeren Todeszellen ab und löschte die Lichter aus, eins nach dem anderen. Es war ganz dunkel.

Einzelfälle

Wenn ich jetzt von Einzelfällen berichte, meine ich Fälle, die mir als Einzelfälle erschienen. In Wirklichkeit handelt es sich meist um Männer, die zu einer Gruppe gehörten und Anhänger hatten. Nur wurden mir diese politischen Zusammenhänge erst viel später bekannt.

Werner Seelenbinder, der zur Römer-Sachse-Uhrig-Gruppe gehörte, ist mir nur noch schattenhaft im Gedächtnis geblieben. Ich begegnete ihm in Plötzensee und in Brandenburg. Dort wurde er am 24. Oktober 1944 hingerichtet. In seinem Abschiedsbrief an seinen Vater schrieb er unter anderem: »Ich habe in der Zeit meiner Haft wohl alles durchgemacht, was ein Mensch durchmachen kann. Krankheit, körperliche und seelische Qualen, nichts ist mir erspart geblieben ...«

Nikolaus von Halem ist mir dagegen noch in lebhafter Erinnerung. Er war in die Attentatspläne gegen Hitler verwickelt und der Gestapo verraten worden. Nach schweren Folterungen fiel er am 20. Oktober 1944 dem Henker zum Opfer. Halem war ein Diplomat der großen Schule, ein Realist mit sarkastischem Humor, der ihn bis zuletzt nicht verließ. Er war vorsichtig, aber – wenn er sich einmal erschlossen hatte – von gewinnender Herzlichkeit. Sehr lange Zeit lag er gefesselt in Haft, und wir hatten schon Hoffnung für ihn. Seine Schwester besuchte ihn immer wieder in Brandenburg. Er hing an ihr, und als besonderes Ereignis teilte er mir mit, es sei ihm gelungen, von seiner Zelle aus, im vierten Stock, der Schwester hinüberzuwinken, »über die Mauer in die Freiheit«. Sein Abschiedsbrief an die Mutter offenbart die Kultur und menschliche Wärme Halems:

»Liebste, Arme, daß Du diesen Schmerz erleben mußt. Jetzt kommt der Herbst, möge er Dir nicht das Herz brechen.

Ich schreibe dies zwei Tage vor der Verhandlung, auf alles gefaßt und in großer innerer Ruhe. Wie tröstlich ist die Aussicht, daß meine Leiden bald zu Ende sein werden. Nur daß die Euren dann erst wahrhaft beginnen und fortdauern, bedrückt mich und quält mich.

Glaube mir, was die Frage des Todes angeht, bin ich im Besitz aller der Vorteile, die die Stoiker ihrer Lehre zuschreiben, wenn ich mich ihnen auch nur in der Form des Denkens nahe, in seinem Inhalt dagegen weltfern fühle. Wir alle sind ja, ob wir es wissen oder nicht, von der geistigen Essenz zwanzig christlicher Jahrhunderte ganz durchtränkt. Eben jetzt scheint mir eine Periode zu beginnen, in der auch die scheinbar unchristlichen Gedanken der europäischen Denker, z. B. Kant, Schopenhauer, Nietzsche, diesen gemeinsamen Hintergrund sichtbar werden lassen. Mit Recht fürchten wir alle – erspare mir hier die Antwort auf das Warum – den Tod, vor allem deshalb, weil er uns unverhofft zu überkommen pflegt. Das Sterben eines Greises von achtzig Jahren ist nur deshalb von so milder Traurigkeit, weil der Zeitpunkt dem Weltenplan entspricht, also fest voraussehbar ist. Mit Recht legt deshalb auch die katholische Kirche so großen Wert auf die Vorbereitung des Sterbenden, wobei die äußeren Vorgänge und Zeremonien nur eine Verlockung für den Geist darstellen, sich mit Ernst dem bevorstehenden Ende zuzuwenden und sich in dieser Stimmung zu versammeln. Wer vorbereitet ist, braucht den Tod nicht zu fürchten. Ich schäme mich fast, dabei an das Mysterium der Gnade zu rühren, in dem das hohe und heilige Mysterium des Todes gewissermaßen den Vorhof bildet. Ein Schritt – und wir sind hindurch. Ich weiß, daß die üblichen Tröstungen, insbesondere die der Kirche, nicht den Weg zu der Tiefe Deines Herzens finden, und müßte nicht Dein Sohn sein, wenn ich nicht auch andere, eigene Wege hätte gehen müssen. Aber da es Dir als Kulturwesen ja auch verschlossen ist, Dich durch Klagen, Schreie und Zerreißen Deiner Kleider von Deinem Schmerz zu befreien, versuche es nur wieder und wieder, Dich mit der ganzen Schärfe Deines Geistes in die Frage nach dem Sinn und Wesen des Lebens zu vertiefen. Kleopatra sagt zu Antonius:

> O ungeheurer Mut. Kommst du so lächelnd
> und frei vom großen Stolz der Welt.

Nur einer Frau kann diese Freiheit als Frucht des Mutes erscheinen. Aber Du kannst, was nur wenige Deines Geschlechts können, die Festigkeit dieser inneren Freiheit von der Welt und damit auch vom Tode Deines Sohnes erwerben, so daß auch Du so lächeln kannst, wie ich es auf meinem letzten Wege tun werde.

Lies — und denke dabei an mich — den zweiten Band der ›Welt als Wille und Vorstellung‹. Den zweiten, wohlgemerkt, wenigstens zuerst, ganz gegen Deine Gepflogenheiten. Lies darin herum und laß Dich nicht davon einschüchtern, daß Schopenhauer immer wieder mit grimmer Stimme fordert, man müsse alles, was er geschrieben hat, lesen. Du wirst sehen, daß er Dich weiterführt, vielleicht zu der von Schopenhauer so verachteten, von mir zärtlich geliebten Leibnizschen Monadenlehre: Wenn ich es kann, werde ich Dir helfen. — Wenn die Wogen sich einmal wieder geglättet haben und Ihr für mich — vielleicht an Vaters Grab — ein Erinnerungszeichen anbringen laßt, so fügt dazu den Spruch, der mich schon als Kind wie aus Weltentiefen angerührt hat: ›Fürchte Dich nicht, denn ich habe Dich erlöst. Ich habe Dich bei Deinem Namen gerufen, Du bist mein.‹ Er steht im Jesaias, wo, weiß ich nicht aus dem Kopf.

Ich glaube, daß der Krieg zu Ende dieses oder zu Anfang des nächsten Jahres zu Ende gehen wird. Ach, könnte ich doch, wie ein Moses auf das gelobte Land, noch eine helle Zukunft für Euch alle wenigstens aus der Ferne sehen. Nun adieu, meine Liebste, von Herzen Liebe. Nach so vielen Worten scheint mir das Eigentliche noch immer ungesagt. Aber es ist eben unaussprechlich. Lassen wir es stumm in unseren Herzen, wo wir seiner unaussprechlich sicher sind.

Nochmals adieu, glaube nicht, daß Du mich verlierst. Dank, tausendfachen Dank, innigste Liebe und Zärtlichkeit fasse ich zusammen in einem letzten Kuß.

Dein Sohn.«

Kurz vor seiner Hinrichtung schrieb er mit gefesselten Händen noch folgende Zeilen auf ein Stück Papier:

»Liebe Mutter. Jetzt habe ich auch die letzte kleine Unruhe überwunden, die den Baumwipfel erfaßt, wenn er stürzt. Und damit habe ich das Ziel der Menschheit erreicht. Denn wir können und sollen wissend dulden, was der Pflanze unwissentlich widerfährt.

Adieu, ich werde geholt. Tausend Küsse

Dein Sohn*.«

Christian Hughes de Wet lag in der Nebenzelle das fünfte Jahr in Fesseln. Er war verwandt mit dem alten Burengeneral de Wet, aber englischer Staatsbürger. Er war Flieger, Abenteurer, viel herumgekommen, Jesuitenschüler, sprach fließend Französisch, und im Laufe der fünf Jahre lernte er so gut Deutsch, daß er mit Vergnügen Reuter lesen konnte. Er erzählte mir gern von der Zeit, in der er für den Negus von Abessinien fliegen mußte.

Zu Kriegsbeginn stellte er sich dem englischen Geheimdienst zur Verfügung. Man hatte ihn zusammen mit seiner Frau in Wien verhaftet. Sie nahm sich in der ersten Nacht im Gefängnis das Leben, um nicht aussagen zu müssen. Das Bild seiner Frau erschien de Wet in den ersten Haftjahren immer wieder und bedrängte ihn. Aber er erhielt sich durch harte und beständige geistige Arbeit seelisch gesund. Auch der stets drohende Tod schreckte ihn nicht mehr.

Ich habe nie wieder einen Menschen gesehen, der es so

* Entnommen dem Buch »Offiziere gegen Hitler« von F. von Schlahrendorff, Europa-Verlag, Zürich

Alfred Schmidt-Sas

verstanden hat, sich mit den primitivsten Mitteln »Genüsse« zu verschaffen – ein wahrer Lebenskünstler. Wenn es zu den kargen Mahlzeiten zum Beispiel Radieschen gab, wurden sie zunächst für einen dekorativen Zweck verwendet, in viele kleine Scheibchen geschnitten, in Grün und Rot das Essen belegt, um wenigstens auf diese Art dem eintönigen Dasein im Gefängnis einen Reiz abzugewinnen. Äpfel, die ich ihm manchmal mitbringen konnte, waren für ihn eine Wunscherfüllung für acht Tage.

Merkwürdigerweise ist de Wet nicht mehr hingerichtet worden. Wahrscheinlich wollte man ihn als Austauschgefangenen aufbewahren. Er ist mit dem Leben davongekommen!

Alfred Schmidt aus Schlegel bei Zittau in der Lausitz, Volksschullehrer und Musikerzieher in Leipzig, gehörte zu den

Menschen, die mir nahekamen. Er wurde von seinen Freunden und Genossen »Sas« genannt. Er hatte einer kommunistischen Widerstandsgruppe angehört und war zum Tode verurteilt worden. Seine Briefe aus dem Totenhaus sind ergreifende Dokumente. Ich zitiere aus vier Briefen an seine Frau:

»Dies schreibe ich am Montag, dem 8. März (1943). Auch die schrecklichen Minuten gegen 13 Uhr, wenn man die Abendopfer aus den Zellen holt und das Haus den Atem anhält, auch diese Minuten sind für heute vorüber, und der Tag kann als gewonnen gebucht werden ...«

»21. März 1943.

Morgen ist wieder ein kritischer Tag erster Ordnung, und niemand weiß, ob ich in vierundzwanzig Stunden noch in dieser Zelle und in dreißig noch am Leben bin. Aber dem Tode ist alle Bitterkeit genommen – nicht die Traurigkeit natürlich, aber ist sie nicht beinahe süß? Gerade jetzt empfinde ich dies ganz stark, wo ich eben aus einer tiefen, namenlosen Vereinigung mit Dir mich wieder zu Worten und Begriffen zurückfinde. Woher mag es stammen, was unsere Seelen mit Zaubergewalt anrührt und zusammenführt? Warum springt dieser Brunnen nicht immer? ... Ich saß auf meinem harten Stuhl in der Zelle, wie die hundert und hundert Stunden vordem und steckte doch ganz und ungeteilt in allem: In Natur, Mensch und Kunst. Die Unterschiede zwischen Tod und Leben verschwanden über der Freude: zu sein ...«

»28. März 1943.

... Mittags halb ein Uhr. Vier Mitmärtyrer wurden eben aus den Zellen geholt ... So werde ich zwei- bis dreimal in der Woche nahe an den Abgrund geführt, und während ich mich zwinge, ruhig hinabzuschauen, warte ich auf den kleinen Stoß, der genügt, mich hinabzustürzen ...«

»4. April 1943 (vor der Hinrichtung).

Ich nähere mich wieder einer Dämmerung ... es ist die Dämmerung, die den Morgen und den neuen Tag verkündet. Diesen vermag ich mir nicht anders vorzustellen, als mit Dir, an Dir, in Dir ... Es ist fünf Stunden später; eben bin ich nach sieben verlegt worden, d. h. heute abend, in weiteren fünf Stunden, werde ich hingerichtet.

Ein großer Friede erfüllt mich und eine große Leichtigkeit. Alles Schwere ist abgetan! Und niemals hatte ich Deine und der anderen Liebe so rein, so innig und unbefleckt. Ich bin auf unerklärliche Art glücklich. Behaltet mich so im Gedächtnis ...«

Als Einzelfälle möchte ich auch die Nationalsozialisten anführen, denen ich in der Todeszelle begegnete. Sie hielten es bis zum Schluß nicht für möglich, daß sie wirklich hingerichtet würden. Daher war für sie der Abschied vom Leben noch viel schwerer als für die anderen, die sich innerlich längst vorbereitet hatten.

Da war der Fall des nationalsozialistischen Landrats Vollrath aus einem bayerischen Städtchen. Er hatte eine mißliebige Äußerung getan, wurde von Parteigenossen denunziert und kam vor das Volksgericht. Offenbar um in seiner Heimat ein Exempel zu statuieren, fällte das Volksgericht das Todesurteil.

Ähnlich lag der Fall des Dramaturgen Richard Düwel, eines künstlerischen, etwas weichen Mannes von zweiundvierzig Jahren. Er hatte keine politischen Interessen. Sein Delikt bestand darin, daß er bei Beratung eines Filmes erklärt hatte – es sei ja alles das gleiche bei den Filmen, sie müßten eben mit »der braunen Sauce gemacht werden«. Diese Äußerung war zu Goebbels gedrungen und hatte seinen Zorn erregt. Man rechnete es Düwel besonders schwer an, da er eine leitende Stellung als Dramaturg in der Filmkammer einnahm. Auf Grund des »Heimtückegesetzes wegen Verächtlichmachung der Reichsregierung« wurde er zum Tode verurteilt.

Er konnte nicht begreifen, daß er wegen dieses Deliktes sterben sollte. Die Bemühungen seines Chefs und seiner alten Mutter blieben ohne Erfolg. Er wurde am 9. Oktober 1944 in Brandenburg geköpft.

Einen unpolitischen Einzelfall muß ich noch notieren, der ungewöhnliche Züge aufwies.

Der Verurteilte hatte schon in Tegel Vertrauen zu mir gefaßt und mich um Rat gebeten. Er wollte wissen, ob er vor Gericht gestehen sollte, daß er Halbjude sei. Da er in eine Spionagesache verwickelt war, könne das, meinte er, als »mildernder Umstand« angesichts des zu erwartenden Todesurteils geltend gemacht werden. Ich riet ab, weil ich, im Gegenteil, der Meinung war, mit einem Halbjuden würde man noch kürzeren Prozeß machen als mit einem »Arier«. Er folgte meinem Rat und hatte seitdem ein gutes Vertrauensverhältnis zu mir.

Nun kam er nach Brandenburg, nachdem er lange Monate in Tegel gesessen hatte. Nach einiger Zeit teilte man ihm seine bevorstehende Hinrichtung mit. Er wurde in den Todesflügel geführt, in eine der kleinen Zellen eingeschlossen und gefesselt. Er erlebte, wie zu der festgesetzten Zeit eine Nachbarzelle nach der anderen aufgeschlossen wurde. Er hörte die Stimmen auf dem Korridor, die Stimmen des Staatsanwaltes, des Arztes, des Anstaltsleiters, der Wachtmeister, die aufgeregt und eilig hin und her gingen. Als die Nachbarzelle »erledigt« war, stand er an der Tür, zum letzten Gang bereit. Aber er wurde übersprungen, es ging bei der nächsten Türnummer weiter. Warum das geschah, habe ich nie erfahren. Man mag sich vorstellen, was er in diesen Minuten durchgemacht hat.

Vierzehn Tage später schloß man ihn wieder in die Todeszelle ein. Diesmal wurde aufgeriegelt, und die Beamten führten ihn in den Hinrichtungsschuppen und vor den Scharfrichter. Und genau in diesem Augenblick, im letzten Augenblick, kam der Bescheid vom Volksgerichtshof, daß seinem Wiederaufnahmeantrag stattgegeben worden sei.

Er wurde in seine Zelle zurückgebracht und wartete geduldig drei oder vier Monate auf den Bescheid. Er begann allmählich wieder zu hoffen nach dieser merkwürdigen doppelten Bewahrung. Er war ein einfacher Mann mit einem natürlichen Lebenswillen.

Aber nach vier Monaten wurden sein Wiederaufnahmeantrag und dann das Gnadengesuch abgelehnt. Als ich wieder nach Brandenburg kam – ein Kollege hatte mich inzwischen vertreten –, erfuhr ich von der Enthauptung des Mannes …

Eine der eigenwilligsten Persönlichkeiten unter den deutschen Widerstandskämpfern war Beppo Römer, den ich in seiner letzten Stunde im Zuchthaus Brandenburg traf. Gerade er ist mir besonders als ein Einzelgänger in Erinnerung geblieben. Erst später hörte ich von der starken Gruppe, die hinter ihm stand. Da der Kreis um Römer vielseitig war und eine wichtige Rolle im Kampf gegen Hitler spielte, möchte ich zunächst einige Worte über die politische Entwicklung Römers und seiner Freunde sagen. Ich muß mich dabei auf Berichte der Freunde stützen, da ich hier aus eigener Erfahrung nichts aussagen kann.

Dr. jur. Beppo Römer, Hauptmann a. D., geboren 1892, war nach dem ersten Weltkrieg Führer des bayerischen Freikorps Oberland. Er machte sich 1921 in den deutschen nationalsozialistischen Kreisen einen Namen als »Erstürmer des Annabergs« bei den Kämpfen des oberschlesischen Selbstschutzes. Allmählich aber kam er zu der Erkenntnis, daß die Freikorps – als Grenzschutz aufgezogen – im Grunde nichts anderes waren als eine Waffe in der Hand der innerpolitischen Reaktion. Beppo Römer brach mit der Reaktion und wurde Mitglied der Kommunistischen Partei.

Bekannt wurde dann seine Tätigkeit in der Scheringer-Gruppe. Um Beppo Römer und Richard Scheringer – einen Leutnant, der in der Reichswehr nationalsozialistische Zellen gebildet hatte, zu Festungsstrafe verurteilt wurde und dann zu den Kommunisten übertrat – scharten sich Männer, die einen

Beppo Römer

scharfen ideologischen Kampf gegen den Nationalsozialismus führten. Der Schriftsteller Graf Alexander Stenbock-Fermor gründete das Scheringer-Komitee, das in vielen Massenversammlungen für die Amnestierung Scheringers eintrat. Dem Komitee schlossen sich Persönlichkeiten aus allen Lagern an, wie: Lion Feuchtwanger, Ludwig Renn, Ernst Glaeser, Frank Thieß, Kurt Hiller, Friedrich Hielscher, Claus Heim, Bruno von Salomon, Bodo Uhse und Otto Strasser. Beppo Römer gab mit Rudolf Rehm die Zeitschrift »Der Aufbruch« heraus, ein »Kampfblatt im Sinne Scheringers, geschrieben von ehemaligen Offizieren und nationalen Aktivisten«.

Nach der Machtübernahme durch Hitler führte Beppo Römer den antifaschistischen Widerstand ununterbrochen illegal weiter. Er gründete eine neue Widerstandsgruppe — die RAS

(Revolutionäre Arbeiter und Soldaten). Er hatte guten Kontakt zu oppositionellen Offizierskreisen. Hinter ihm standen, außer dem Scheringer-Kreis, noch manche ehemalige Angehörige des früheren Freikorps Oberland – die Münchener Gruppe. Aber es kamen auch neue Anhänger aus Berlin und anderen Städten hinzu. Verbindung zur Arbeiterklasse gewann er durch Willy Sachse und Robert (genannt »Bobby«) Uhrig. Dieser hatte selbst eine zahlreiche Gruppe; man sprach von zehntausend Männern und Frauen, vierundsiebzig Funktionären. In der illegalen Betriebsarbeit bei Osram, Moabit, war er politisch gereift. In schwieriger konspirativer Aufbauarbeit konnte er bald Verbindung zu wichtigen Berliner Betrieben finden: zur AEG-Turbine, zu Typograph und Löwe. Aber auch in Essen, Hannover, Hildesheim, München, Dortmund und Hamburg entstanden antifaschistische Betriebsarbeitergruppen, die sich Uhrig unterstellten. Internationale Verbindungen führten nach Prag, Kopenhagen und Holland. Es wurden illegale Schriften herausgegeben. Im fast regelmäßig erscheinenden »Informationsdienst« berichtete Römer als Sachverständiger von den militärischen Fronten. Die Front wurde mit Antikriegsmaterial beliefert.

Die Gruppe Römer-Sachse-Uhrig, von Spitzeln verraten, flog im Februar 1942 auf. Es kam zu Massenverhaftungen und zu Massenhinrichtungen. Zu den Opfern gehörten – neben Beppo Römer, Willy Sachse und Robert Uhrig – Walter Budeus, Kurt Lehmann, Rudolf Grieb, Walter Siemund, Fritz Siedentopf, Leo Tomschick, Hans Pirschke, Walter Eichberg, Walter Strohmann, Heinz Preuß, Otto Schmirgal, Willi Ritze, Hermann Popps, Karl Frank, Kurt Schöne, Franz Mett, Erich Kurz, Herbert Zobel, Elfriede Tygör, Kurt Ritter, Helmut Masche, Ernst Knaack, Werner Seelenbinder, Charlotte Eisenblätter, Fritz Riedel, Paul Gesche, Arthur Sodtke, Richard Traut, Gustav Kensy, Philipp Zöllner, Erich Kühne, Paul Scher und viele andere. Es kam zu etwa hundertzwanzig Hinrichtungen …

An den Hinrichtungstag Beppo Römers, es war der 25. September 1944, erinnere ich mich gut. Der helle Flügel des modernen Zuchthauses Brandenburg mit den kleinen, spiegelblanken Todeszellen war voll belegt. Dieser Flügel, der ganz aus Linoleum, Glas und Stahl zu bestehen schien, strahlte eine eigentümliche Atmosphäre von Kälte aus.

Ich mußte an diesem Tage neunzehn zum Tode Verurteilte aufsuchen, einer von ihnen war Beppo Römer. Ich kannte ihn nicht von früher und fand einen stark erschöpften Mann, einen Mann, der in langer Haft viele Vernehmungen hinter sich hatte. Er war mir gegenüber verschlossen, er wußte ja auch nichts weiter von mir, und die Zeit reichte nicht, um in ein ausführliches Gespräch zu kommen. In diesen Monaten wurde in Brandenburg die Hinrichtung immer erst zwei Stunden vorher mitgeteilt. Die Gefangenen mußten die letzten Stunden gefesselt bleiben, gefesselt essen und trinken, gefesselt ihre Abschiedsbriefe schreiben. Diese Behandlung hatte offenbar auch Römer deprimiert, aber er klagte nicht, war still, völlig gefaßt. Es wurde mir nicht klar, ob er noch persönlich nahe Beziehungen hatte, die ihn bewegten. Ich gewann den Eindruck von einem Menschen, der allein im Leben stand, den in dieser Stunde keine Gedanken der Liebe oder der Sehnsucht erfüllten. Vielleicht aber verließ ihn auch in seiner letzten Stunde dem unbekannten Geistlichen gegenüber nicht das Mißtrauen, das er in seinem langen politischen Leben gelernt hatte.

Der letzte Brief, den Beppo Römer an seinen Bruder schrieb, gefesselt, eine halbe Stunde vor dem Tode, unterstreicht die karge und soldatische Art dieses Mannes:

»Lieber Lutz!

Montag, 12 Uhr mittags. Soeben erfuhr ich, daß das Urteil um 12.30 Uhr vollstreckt wird. Du bist der einzige und letzte Mensch, dem ich schreibe und danke und zugleich bitte, alle zu grüßen: Vater, Bruder, Hilde, Cilly. –

Der Tod auf dem Schlachtfeld wäre schöner gewesen, zumal mein ganzes Leben immer Deutschland gegolten hat.

Euer Beppo.«

Der 20. Juli

Es ist für mich schwierig, über den Komplex des Attentats vom 20. Juli 1944 zu berichten. Mein Urteil ist subjektiv befangen, da ich selbst zum Kreisauer Kreis gehörte, jenem Kreis, der sich um den Grafen Helmuth von Moltke und den Grafen Peter Yorck von Wartenburg in Schlesien gebildet hatte. Außerdem habe ich nur einen bestimmten kleinen Teil der Verschwörer kennengelernt.

Ich kam mit etwa achtzig Teilnehmern des 20. Juli in nähere Berührung. Sie hatten im Gefängnis Lehrter Straße 3 gesessen und mußten es plötzlich räumen. Bei den starken Fliegerangriffen erschien das Gefängnis nicht mehr ausbruchsicher. Die achtzig Mann wurden zunächst – Mitte September 1944 – für vierzehn Tage nach Tegel verlegt. Sie alle galten zu jener Zeit als Untersuchungsgefangene des Volksgerichtshofes. Nur einige der Häftlinge waren durch die Hände der Gestapo gegangen und übel zugerichtet worden.

Ich denke an den Volkswirt Professor Peter Jessen, kriegsverletzt, trotzdem schwer mißhandelt. Rittergutsbesitzer Wenzel-Teutschenthal mußte ebenfalls Folterungen erdulden. Er war einer der bekanntesten Landwirte Deutschlands; im fruchtbarsten Mitteldeutschland hatte er einen industriellen landwirtschaftlichen Betrieb von – wenn ich nicht irre – 30 000 Morgen aufgebaut. Er stammte aus einer alten Bauernfamilie und war stolz auf seinen Nichtadel und seine landwirtschaftlichen Fachkenntnisse. Gestapobeamte aus der Nachbarschaft Teutschenthals hatten diesen kleinen, untersetzten und dicken Mann – den Freund Goerdelers – in Haft genommen und ihre Wut an ihm ausgetobt. Ihre Methode bestand darin, daß sie dem Häftling die Hände auf dem Rücken fesselten und ihn durch eine Seilvorrichtung an die Decke hochschnellen ließen. Auch General von Falkenhausen, der Kommandeur von Belgien, war mißhandelt worden. Er klagte mit keinem Wort.

Es war für die Beamten des Gefängnisses Tegel ein aufregendes Ereignis, achtzig Persönlichkeiten von hoher politischer, militärischer oder wissenschaftlicher Bedeutung in den Zellen ihres Gefängnisses zu wissen. Selbst der Gefängnisdirektor Schneidewind, der sich in den vergangenen Jahren nie um die einzelnen Gefangenen gekümmert hatte, machte sich höchstpersönlich auf, lief bis zum vierten Stock hinauf, um sich die Sensation, solch prominente Gefangene zu sprechen, nicht entgehen zu lassen. Er besah sich den Grafen Moltke, den Konsistorialrat Gerstenmaier, den Jesuitenpater Delp, den Potsdamer Regierungspräsidenten Gottfried von Bismarck und die vielen anderen.

Ich besuchte alle diese Gefangenen, den größten Teil von ihnen aber nur einmal, weil es binnen vierzehn Tagen geschehen mußte. Nach den vierzehn Tagen kamen sie – bis auf neunzehn – zurück in das Gefängnis in der Lehrter Straße und lagen dort unter Bewachung der SS, für Besuche eines Geistlichen nicht zugänglich. Ich bedauerte es, weil die Nachrichtenübermittlung dort nur noch auf dem Wege über hereingeschmuggelte Kassiber möglich war. Immerhin hatten die in Tegel angeknüpften Beziehungen in einer Reihe von Fällen dazu geführt, daß ich auch mit den Angehörigen in Verbindung gekommen war und sie bei der weiteren Nachrichtenübermittlung beraten konnte. Dazu gehörte auch das Dechiffrieren der Briefe.

Diese achtzig Männer gehörten verschiedenen Gruppen an. Wenn man über die Menschen des 20. Juli etwas aussagen will, so muß man – meiner Meinung nach – drei Hauptgruppen unterscheiden. Erstens den »zivilen Kreis« um den früheren Leipziger Oberbürgermeister Dr. Goerdeler. Er bestand im wesentlichen aus Industriellen und Volkswirtschaftlern. Er war recht buntscheckig und reichte vom früheren preußischen Finanzminister Popitz und Professor Jessen über Rechtsanwalt Langbehn, Wenzel-Teutschenthal, von Palombini, Gloeden, Goerdelers Bruder bis hin zu den Gruppen um Walter Bauer und die Freiburger Professoren Lampe und Ritter. Die Verbindungen liefen bis in die Kreise der christlichen und freien Gewerkschaften und bis zu den Sozialdemokraten.

Die zweite Hauptgruppe umfaßte die Offiziersverschwörung. Ihr eigentliches Zentrum war das Oberkommando des Heeres. Die Verschwörer saßen in der Bendlerstraße, im Generalstab, in der Führung des Ersatzheeres, im Heereswaffenamt, im Heeresnachrichtenwesen und vielen anderen Heeresdienststellen. Selbst die oberste Leitung des militärischen Spionage- und Abwehrdienstes war durchsetzt (Generalmajor Oster). Ich nenne einige der wichtigsten Namen: Generaloberst von Beck, bis 1938 Chef des Generalstabes des Heeres; Generalfeldmarschall von Witzleben; Generalleutnant von Hase, Stadtkommandant von Berlin; General der Artillerie Olbricht, Chef des Allgemeinen Heeresamtes; General der Artillerie Wagner, Generalquartiermeister des Heeres; General der Artillerie Lindemann; General der Nachrichtentruppe Fellgiebel; Generalleutnant Thiele; Generalfeldmarschall von Stülpnagel, militärischer Befehlshaber in Frankreich; Generalmajor Stief, Chef der Organisationsabteilung des Heeres; Generalmajor von Tresckow, Chef des Generalstabes einer Armee an der Ostfront; Oberst Mertz von Quirnheim, Generalstabschef bei Olbricht; Oberstleutnant von Freytag-Lorringhoven; Oberst von Marogna-Redwitz, Abwehrleiter in Wien; Oberstleutnant Bernardis; Hauptmann Clausing. Und selbstverständlich der aktivste und kühnste Mann der Gruppe: Oberst Graf Claus von Stauffenberg, der das Attentat auf Hitler unternahm. Stauffenberg war Chef des Stabes des Befehlshabers des Ersatzheeres, des Generalobersten Fromm.

Zum Offizierskreis darf man ferner eine ziemlich große Schar von ideologisch nicht stark beteiligten Leuten rechnen. Es waren meist junge Offiziere, die sich gefühlsmäßig gegen Unrecht und Brutalität empörten, aber keine bestimmte politische Idee vertraten. Sie folgten ihren militärischen Führern häufig nur aus reiner Kameradschaft. Das galt insbesondere für die Offiziere der fränkischen Garnisonen.

Die dritte Gruppe war der »Kreisauer Kreis«. Den geistigen Mittelpunkt bildeten Helmuth von Moltke und Peter Yorck von Wartenburg. Aus der Diplomatie kamen die Legationsräte Hans-Bernd von Haeften (sein Bruder Werner von Haeften war ein Freund Stauffenbergs) und Adam von Trott zu Solz, die die Verbindung zu den älteren Angehörigen des Auswärtigen Amtes, wie dem Botschafter Ulrich von Hassel, herstellten. Der »Kreisauer Kreis« beschränkte sich aber nicht nur auf Vertreter der Diplomatie, er hatte in seinen Reihen Wirtschaftler, Verwaltungsfachleute, Geistliche und Gewerkschaftler. Er war aus den Arbeiter- und Studentenlagern in Löwenberg in Schlesien herausgewachsen und stand in naher Fühlung mit den Gewerkschaften. Von den Sozialisten seien genannt: Carlo Mierendorff, Theo Haubach und Adolf Reichwein. Als Mierendorff bei einem Luftangriff im Herbst 1943 ums Leben kam, trat Julius Leber an seine Stelle.

Aus kirchlichen Kreisen gehörten dem Kreis an: von der katholischen Seite P. Roesch, damals Provinzial der bayerischen Jesuiten, und Alfred Delp, Jesuitenpater in München; von der evangelischen Kirche Konsistorialrat Eugen Gerstenmaier, einer der wenigen des »Kreisauer Kreises«, die am Leben geblieben sind, und ich selbst.

Die drei verschiedenen Gruppen hatten durchaus nicht übereinstimmende politische Ansichten. Gemeinsam war allen der Wille, Hitler auszuschalten, den Krieg zu beenden und erträgliche Friedensbedingungen zu erreichen. Über den Weg zu diesem Ziel gab es die widersprechendsten Auffassungen. Querverbindungen bestanden natürlich zwischen den Gruppen und Kreisen, doch kannten sich viele der Verschwörer kaum dem Namen nach.

Man hat viel über die politische Rolle der Generale geschrieben, über ihre unsichere und oft zweideutige Haltung. Ein scharfes Urteil fällte Prinz Louis Ferdinand von Preußen, der zu den Miteingeweihten in die Verschwörung gehörte. Es gab Teilnehmer, die den Prinzen als einen potentiellen Kandidaten bei der Aufrichtung einer konstitutionellen Monarchie nach englischem Muster vorschlugen. Auf die Frage des süddeutschen W. G.-Korrespondenten des »Tagesspiegels« (veröffentlicht am 1. Mai 1947 im »Tagesspiegel«, Berlin) »Was halten Sie auf Grund Ihrer persönlichen Erfahrungen von der Rolle der Generale?« antwortete Louis Ferdinand von Preußen: »Das Verhalten der Generale, bis auf wenige Ausnahmen, brachte die Verschwörer immer wieder an den Rand der Verzweiflung. Für die Mehrheit, die nicht gerade ausgesprochene Hitler-Anhänger waren, galt das Sprichwort: ›Wasch mich, und mach mich nicht naß.‹ General von Hammerstein sprach mir gegenüber seine abgrundtiefe Verachtung über seine aktiven Kollegen aus. Es ist zweifellos der schwankenden und wankelmütigen Haltung der aktiven Generale zuzuschreiben, daß nicht schon vor dem 20. Juli 1944, der ein Verzweiflungsakt in letzter Minute war, etwas Konkretes gegen Hitler unternommen werden konnte. Hätten die Generale mehr Zivilcourage gezeigt oder auch nur mehr militärische Entschlußkraft, so hätte sich das Unheil viel früher beenden lassen ...«

Ich erwähnte schon, daß ich nur wenige der führenden Männer der Offiziersgruppe persönlich kennenlernte. Der Hauptteil kam nicht nach Tegel, sondern in das Gestapoquartier in der Prinz-Albrecht-Straße. Einige Offiziere wurden sofort, am Tage des Attentats, in der Bendlerstraße erschossen, wie Graf Stauffenberg. Auch seinem Bruder, dem Juristen Berthold Stauffenberg, begegnete ich nicht. Flüchtig sah und sprach ich in Tegel: Generalleutnant Smend, Oberst Meichsner, Major Graf Blumenthal, Oberst Schulze-Böttcher, Oberst Sperr und einige andere.

Dagegen konnte ich Generalfeldmarschall von Witzleben und Generalleutnant von Hase auf ihrem letzten Gang zum Hinrichtungsschuppen begleiten. Hase erschien mir als der Typ des biederen Offiziers aus der wilhelminischen Epoche, ohne eigene aktive politische Linie. Doch muß bemerkt werden, daß er sich nicht erst in letzter Stunde, sondern schon in den vergangenen Jahren bewußt in die Reihen der Hitlergegner gestellt hatte. Witzleben zeigte die überlegene Haltung des vornehmen Herrn der alten Schule.

Die Hinrichtung geschah am 8. August 1944. Ich war gegen den Willen des Volksgerichtshofes erschienen. Es ging so plötzlich, daß man nicht Zeit fand, mich zu entfernen. So konnte ich an diesem Tage die Verurteilten noch rasch sprechen. Um die hohen Offiziere zu demütigen, hatte man sie mit alten Strickjacken und Zuchthaushosen bekleidet. Ich sehe noch Generalfeldmarschall von Witzleben vor mir, der sich Mühe geben mußte, seine viel zu weiten Hosen mit den gefesselten Händen festzuhalten.

Generalleutnant von Hase war in schwerer Sorge um das Schicksal seiner Frau und seiner Kinder. Beide Männer waren tiefernst, ruhig und vollkommen gefaßt. Sie gingen als überzeugte Christen in den Tod.

Von Hases Adjutanten ist nur Oberst Ertel am Leben geblieben. Graf Schack und Oberstleutnant Schöne wurden am 15. Januar 1945 in Brandenburg erschossen.

Stark beeindruckte mich der Tod des jungen Hauptmanns Clausing, der am gleichen Tage starb. Sein Vater war Rektor der Universität Prag und überzeugter Nationalsozialist. Als er die Nachricht vom Tode seines Sohnes erhielt, beging er Selbstmord. Auch die Gestalt des jungen Generalmajors Stief ist mir im Gedächtnis geblieben. Er war ein kleiner, dunkelhaariger Mann.

Die übrigen Opfer jenes Hinrichtungstages: Oberleutnant

Peter Yorck von Wartenburg

Bernardis, Oberleutnant von Hagen und Generaloberst Höppner konnte ich nicht mehr sprechen. Nur mit einem gelang es mir noch, unter vier Augen beisammen zu sein – mit dem Grafen Peter Yorck von Wartenburg.

Er war ein Vetter des Obersten von Stauffenberg, wurde am 20. Juli in der Bendlerstraße verhaftet und galt als der Verbindungsmann zwischen der Militärgruppe, dem Moltke-Kreis und den sozialdemokratischen Abgeordneten Mierendorff und Leber. Wie Moltke stammte Peter Yorck aus einer kultivierten schlesischen Adelsfamilie, berühmt durch ihre philosophische und literarische Tradition. Die Bücherei, die er von seinem Vater geerbt hatte, enthielt Kostbarkeiten der romantischen und klassischen Literatur; bekannt ist der Schriftwechsel Paul Yorcks mit Dilthey. Peter Yorck, der zurückhaltende, leise sprechende, im ersten Augenblick etwas degeneriert wirkende Mann, taute erst nach einer Weile auf und überraschte dann alle durch die Schärfe seiner pointierten Redeweise. Er wirkte nicht so in der Öffentlichkeit wie Helmuth von Moltke. Er lebte mehr der persönlichen Besinnung und für den Kreis seiner Freunde. Und er war stark mit seiner Heimat verbunden. Noch in seinem Abschiedsbrief kreisten seine Gedanken um die Gärten und Felder von Kauern in Schlesien.

Ich empfand es als ein gütiges Geschick, daß ich ihm zum Abschied die Hand geben konnte. Seine Hände waren gefesselt. Er war seit vielen Tagen nicht rasiert und sah elend aus. Aber er hielt sich gelassen. Er konnte mir nicht nur Grüße an die auch mir bekannten Angehörigen aufgeben, sondern wichtige vertrauliche Nachrichten und Warnungen über das, was er selbst und die Kameraden in der Prinz-Albrecht-Straße ausgesagt hatten. Unsere letzte Aussprache wurde plötzlich gewaltsam unterbrochen. SS-Männer mit großen Scheinwerfern drangen in die Zellen ein und filmten die einzelnen Gefangenen, ehe sie zur Hinrichtung geschleppt wurden. Der Film — im Auftrag des »Führers« gedreht — sollte den gesamten Prozeß in all seinen Phasen ausführlich und in allen Einzelheiten zeigen, von der Verhandlung vor dem Volksgerichtshof bis zu den letzten Zuckungen der Opfer am Galgen.

Alle Teilnehmer des 20. Juli mußten den Tod am Galgen sterben, wie die Angehörigen der »Roten Kapelle«. Die »Fleischerhaken« im Hinrichtungsschuppen warteten. Ob besondere Methoden angewandt wurden, kann ich aus eigener Beobachtung nicht bestätigen. Für wahrscheinlich halte ich es, daß für einige von Hitler namentlich bezeichnete Verurteilte der langsame Tod des Strangulierens angewandt worden ist. Der Schemel wird vorsichtig unter dem Opfer fortgezogen, die Schlinge zieht sich langsam zu, und der Tod tritt erst nach längerer Qual ein …

Der »Kreisauer Kreis« hatte sich am Anfang betont zurückgehalten. Er unterschied sich in manchen Dingen von den anderen Gruppen. Es ging ihm um mehr als um einen äußeren Staatsstreich. Man dachte nach und diskutierte über die gesellschaftliche Umgestaltung Deutschlands und Europas im Geiste eines christlichen Humanismus, den man mit den Ideen des Sozialismus verbinden wollte.

Die Arbeit des Kreises war gut organisiert. Es gab Sondergruppen für die verschiedenen Sachgebiete: Sozialpolitik, Kulturpolitik, Wirtschaftspolitik, Außenpolitik. Diese Sondergruppen traten auf Tagungen zusammen, meistens zu den Festen Ostern, Pfingsten usw., und berieten ihre Probleme so weit, bis konkrete Entwürfe für eine kommende, gesetzgeberische Gestaltung erarbeitet waren.

Die einzelnen Gruppen arbeiteten so unabhängig voneinander, daß die Mitarbeiter der einen Gruppe den anderen nicht bekannt waren. Ich war in der kulturpolitischen Gruppe tätig und habe erst viel später erfahren, wer noch alles dem »Kreisauer Kreis« angehört hat.

Man versuchte, bei allen Debatten von der Situation auszugehen, die sich am »Tage X« ergeben mußte, daß heißt am Tage des Endes der Hitlerherrschaft. Der Tag X wurde im »Kreisauer Kreis« nicht von vornherein als der Tag eines Attentats erwartet. Man hielt das Regime für zu fest gegründet, um sich der Illusion hinzugeben, man könne es von innen her stürzen. Nur die äußeren Ereignisse an den Fronten, so argumentierte man, konnten mit der Zeit eine gemeinsame Aktion reifen lassen. Ein zu frühzeitiges Losschlagen müßte das Unternehmen unnötig gefährden.

Die Frage des Attentats wurde Ende 1943 und im Frühjahr 1944 immer stärker diskutiert. Helmuth von Moltke vertrat die Ansicht, eine gewaltsame Beseitigung Hitlers könne noch nichts nützen. Erst nach Moltkes Verhaftung im Januar 1944 entschied sich Peter Yorck von Wartenburg, der jetzt den »Kreisauer Kreis« führte, für eine gewaltsame Lösung.

Im Mai und Juni 1944 hatte sich die Lage gefährlich zugespitzt. Zunächst war Moltke verhaftet worden, weil er einen Teilnehmer an den »politischen Tees« im Hause des früheren Gesandten in Tokio, Solf, gewarnt hatte – den Gesandten Kiep.

Die Urteilsgründe gegen diesen Kreis sind noch erhalten. In ihnen ist der Name Moltkes noch nicht genannt. Er wird nur als ein »pflichtvergessener hoher Beamter« erwähnt. Der Text lautet wie folgt:

»Der Oberreichsanwalt
beim Volksgerichtshof
1 L 214/44
2 J 243/44 g Rs

Im Namen des Deutschen Volkes!

In der Strafsache gegen

1. die Helferin beim Deutschen Roten Kreuz Elisabeth von Thadden, geboren am 29. Juli 1890 in Mohrungen (Ostpr.),
2. den Gesandten Dr. Otto Kiep, geboren am 7. Juli 1886 in Saltcosts (Schottland),
3. den Legationsrat Dr. Hilger van Scherpenberg, geboren am 4. Oktober 1899 in München,
4. die berufslose Fanny von Kurowsky, geboren am 15. Juli 1887 in Maldeiten (Ostpr.),
5. die Sekretärin Irmgard Zarden, geboren am 5. Oktober 1921 in Berlin,

zur Zeit in dieser Sache in gerichtlicher Untersuchungshaft,

hat der Volksgerichtshof, 1. Senat, auf die am 26. Juni 1944 eingegangene Anklage vom 22. Juni 1944, in der Hauptverhandlung vom 1. Juli 1944 …

… Nachdem bald nach dem Teenachmittag Reckzeh wieder dienstlich in die Schweiz gefahren war, hat ein pflichtvergesse-

Julius Leber

ner hoher Beamter, den Kiep im Vorverfahren auch genannt hat, Kiep gewarnt, wegen des Teenachmittags schwebe gegen ihn eine Untersuchung, er möge sich in acht nehmen. Dieser pflichtvergessene Beamte hatte nämlich erfahren, daß Überwachungsmaßnahmen getroffen waren. Zugleich hatte er den ›Verdacht‹, daß Meldung erstattet sei, auf Reckzeh gelenkt. Kiep benachrichtigte, d. h. warnte, nun andere Beteiligte, und diese warnten sich untereinander. So kam es, daß die Beteiligten sich jetzt in acht nahmen, daß sie sich auf Vernehmungen vorbereiten konnten und daß sie jetzt Reckzeh, als er aus der Schweiz zurückkam und ihnen Bericht erstatten wollte, kühl und ablehnend empfingen. Kiep trieb seine unsaubere Gesinnung nun sogar dazu, jetzt scheinheilig Anzeige gegen Reckzeh zu erstatten!!! Alle Gewarnten bestätigten einander in der

Adolf Reichwein

Hauptverhandlung, daß jeder sehr beunruhigt war: Kiep, von Thadden, auch Frau Solf, gegen die das Verfahren abgetrennt worden ist ...«

Bald nach der Verhaftung Moltkes erfolgte die Festnahme von Adolf Reichwein und Julius Leber. Sie hatten Verbindungen zu kommunistischen Widerstandsgruppen gesucht und waren beobachtet worden. Die Gestapo schien nun über die Querverbindungen der illegalen Gruppen orientiert zu sein. Die Verhafteten hatten nur noch mit dem Tod zu rechnen.

Ich halte es für wahrscheinlich, daß die Verhaftung Reichweins, eines so wertvollen Mitarbeiters, Peter Yorck den letzten Anstoß zur Tat gab. Er stand in enger Verbindung mit seinem Vetter Stauffenberg. Unter diesem Druck wollten sie nicht mehr warten und drängten zur Tat. Gewiß spielte auch die Lage an den Fronten, die sich ständig verschlechterte, eine erhebliche Rolle. Peter Yorck versuchte dann, die übrigen Mitglieder des »Kreisauer Kreises« von der Notwendigkeit des Attentats zu überzeugen.

Die Frage des Attentats war für die Kreisauer nicht nur eine politische, sondern auch eine ethische und religiöse Frage. Ein Mann wie Johannes von Haeften konnte sich erst nach schweren Gewissensbedenken dafür entscheiden, während sein Bruder Werner die Tat für gut und notwendig hielt. Die zwiespältige Einstellung zu dieser Frage bestimmte die Diskussionen des Kreises im Sommer 1944. Die Teilnehmer waren differenzierte Menschen; einfaches Draufgängertum entsprach nicht ihrer Art. Das hatte nichts mit Mangel an Mut oder Entschlossenheit zu tun. In der entscheidenden Stunde hatte nicht einer versagt.

Auch Helmut von Moltke hielt selbstverständlich zu seinen Freunden und versuchte vor der Gestapo nicht, sich von ihnen zu distanzieren, obwohl er noch in der Haft mir gegenüber seinem Bedauern über die Teilnahme der Kreisauer am 20. Juli Ausdruck gab. Er hielt die Verbindung von so heterogenen Gruppen, wie der Gruppe der deutschnationalen Wirtschaftsführer um Dr. Goerdeler, die immer den Sozialismus bekämpft hatte, den aristokratischen Offiziersgruppen und den Vertretern des Sozialismus, für widernatürlich. Er glaubte nicht, daß daraus ein konstruktives Werk entstehen könne. Er sah – im Gegenteil – den frühzeitigen Abbruch einer politischen Bewegung, die nicht zum Ausreifen kommen konnte und nur ein Chaos hinterlassen mußte.

Nach dem 20. Juli kam er nach Ravensbrück, erhielt KZ-Kleidung und wurde nach Berlin übergeführt. Er gehörte zu jener Gruppe von achtzig Häftlingen, die in Tegel untergebracht war. Mit dem Rest der neunzehn Mann blieb er bis zu seinem Tode im Tegeler Gefängnis.

Graf Helmut James von Moltke war die hervorragendste

Helmuth James von Moltke

Persönlichkeit, der ich in jenen Jahren begegnet bin. Er wurde 1906 geboren, ein Urgroßneffe des berühmten Feldmarschalls der Bismarckzeit. Er war ungewöhnlich groß, hager, brünett. Der Besitzer des Gutes Kreisau bei Schweidnitz in Schlesien entsprach nicht der Vorstellung, die man sich gewöhnlich von einem schlesischen Landjunker macht. Hochgebildet, geistig beweglich, besaß er die gesellschaftlichen Formen eines englischen Edelmannes. Übrigens war er als englischer Rechtsanwalt (barrister) in London zugelassen. Er wirkte zunächst kühl, unpersönlich, bestrebt, alles Persönliche dem Sachlichen unterzuordnen.

Ein Abend wird mir unvergeßlich sein, den ich mit Reichwein bei Moltke, in seiner kleinen Garagenwohnung in der Derfflingerstraße, verbrachte. Das Telefon schellte im Nebenzimmer, er kam nach einigen Minuten zurück und sagte uns später — beiläufig im politischen Gespräch —: »Ich hatte eine Nachricht aus Kreisau. Ich habe einen Sohn bekommen.« Das war die Moltkesche Art des Schweigens, ein Familienerbteil. Er schwieg nicht in der Weise, daß er wortkarg war, aber er schwieg über alle Dinge, die nicht unbedingt zur Sache gehörten.

Ich hatte ihn oft um Hilfe gebeten, wenn es sich um Geiselerschießungen in den besetzten Gebieten oder um Todesurteile nach Deutschland Verschleppter handelte. Und er half, wo er konnte. Er hatte, als Sachverständiger für internationales Recht beim Oberkommando der Wehrmacht, großen Einfluß durch seine Schlüsselstellung zwischen der Diplomatie und der Armee und wirksame, ausgedehnte Beziehungen zu allen führenden Kreisen. Wie gut war er stets unterrichtet! Ich war jedesmal überrascht, daß er oft schon vor meinem Vortrag den Sachverhalt kannte und häufig auch bereits die ersten Schritte eingeleitet hatte. Ihm wiederum war es wichtig, von mir die menschliche Seite des einzelnen Falles zu hören, um daraus Folgerungen für die allgemeine Lage zu ziehen. Bei diesen Gesprächen war Peter Yorck von Wartenburg fast immer zugegen.

Ein wichtiges politisches Dokument des »Kreisauer Kreises« ist der Brief Moltkes an seine Frau, geschrieben nach seiner Verurteilung am 10. Januar 1945. Ich zitiere ihn gekürzt:

»Mein Liebes, denk mal, wie schön, daß ich noch einmal hier nach Tegel zurückgebracht worden bin, daß die Würfel, deren Fall schon genau feststeht, sozusagen auf der Kante noch einmal halten. So kann ich noch in Frieden einen Bericht schreiben.

Erst einmal den Schluß vorweg: um 3 Uhr etwa verlas Schulze, der keinen üblen Eindruck machte, die Anträge. Moltke: Tod und Vermögenseinziehung; Delp desgleichen; Gerstenmaier Tod; Reisert und Sperr desgleichen; Fugger 3 Jahre Zuchthaus; Steltzer und Haubach abgetrennt. Dann kamen die Verteidiger, eigentlich alle ganz nett, keiner tückisch. Dann das Schlußwort der Angeklagten, wobei ich als einziger verzichtete. Eugen war, wie ich am Schlußwort merkte, etwas unruhig.

Nun kommt der Gang der Verhandlung. Alle diese Nachrichten sind natürlich verboten. Es war in einem kleinen Saal, der zum Brechen voll war. Anscheinend ein früheres Schulzimmer. Nach einer langen Einleitung von Freisler über Formalien-Geheimhaltung, Verbot des Mitschreibens usw., verlas Schulze die Anklage, und zwar nur den kurzen Text, der auch im Haftbefehl stand. Dann kam Delp dran, mit dem seine beiden Polizisten vortraten. Die Verhandlung spielte sich so ab: Freisler, den Hercher sehr richtig beschrieben hat: begabt, genial und nicht klug, und zwar alles drei in der Potenz, erzählt den Lebenslauf, man bejaht oder ergänzt, und dann kommen diejenigen Tatfragen, die ihn interessieren. Da schneidet er aus dem Tatbestand eben Dinge heraus, die ihm passen, und läßt andere weg. Bei Delp fing er damit an, wie er Peter und mich kennengelernt hat, was zuerst in Berlin besprochen ist, und dann kam Kreisau Herbst 43 dran. Auch hier die Form: Vortrag von Freisler, in den man antworten, einreden, eventuell neue Tatsachen einbauen kann; besteht aber die Möglichkeit, daß man damit den Duktus stören könnte, so wird er ungeduldig, zeigt an, daß er es doch nicht glaubt, oder brüllt einen an. Der Aufbau für Kreisau so: zuerst waren es allgemeine Erörterungen mehr grundsätzlicher Art, dann wurde der praktische Fall der Niederlage erörtert, und zum Schluß wurden Landesverweser gesucht. Die erste Phase möge noch angehen, obwohl überraschend sei, daß alle diese Besprechungen ohne einen einzigen Nationalsozialisten stattfanden, dafür aber mit Geistlichen und lauter Leuten, die sich später am 20. Juli beteiligt hätten. – Die zweite Phase aber sei bereits schwärzester Defätismus allerdunkelster Art. Und das dritte offene Vorbreitung zum Hochverrat. Dann kamen die Münchener Besprechungen dran. Das stellte sich zwar alles als viel harmloser heraus, als in der Anklage stand, aber es hagelte Pflaumen gegen die katholischen Geistlichen und gegen die Jesuiten: Zustimmung zum Tyrannenmord – Mariano, uneheliche Kinder, Deutschfeindlichkeit usw. usw. Das alles mit Gebrüll mittlerer Art und Güte. Auch die Tatache, daß Delp bei der Besprechung weggegangen war, die in seiner Wohnung stattfand, wurde ihm als echt ›jesuitisch‹ zur Last gelegt: ›gerade dadurch dokumentieren Sie ja selbst, daß Sie genau wußten, daß da Hochverrat getrieben wurde, aus dem Sie gerne das Köpfchen mit der Tonsur, den geweihten, heiligen Mann heraushalten wollten. Der ging derweil wohl in die Kirche, um dafür zu beten, daß das Komplott auch in Gott wohlgefälliger Form gelänge.‹ Dann kam Delps Besuch bei Stauffenberg dran. Und schließlich die am 21. Juli erfolgte Mitteilung Sperrs, daß Stauffenberg ihm Andeutungen über einen Umsturz gemacht habe. Die beiden letzten Punkte gingen glimpflich ab. Bemerkenswert in der ganzen Vernehmung, daß in jedem zweiten Satz von Freisler irgendwie vorkam: ›der Moltke-Kreis‹, ›Moltkes Pläne‹, ›gehört auch zu Moltke‹ usw. Als Rechtsgrundsätze wurden verkündet: ›Der Volksgerichtshof steht auf dem Standpunkt, daß eine Verrattat schon der begeht, der es unterläßt, solche defätistischen Äußerungen wie die von Moltke, wenn sie von einem Mann seines Ansehens und seiner Stellung geäußert werden, anzuzeigen.‹ – ›Vorbereitung zum Hochverrat begeht schon der, der hochpolitische Fragen mit Leuten erörtert, die in keiner Weise dafür kompetent sind, insbesondere nicht mindestens irgendwie der Partei angehören.‹ – ›Vorbereitung zum Hochverrat begeht jeder, der sich irgendein Urteil über eine Angelegenheit anmaßt, die der Führer zu entscheiden hat.‹ – ›Vorbereitung zum Hochverrat begeht, der zwar selbst jede Gewalthaltung ablehnt, aber Vorbereitungen für den Fall trifft, daß ein anderer, nämlich der Feind, die Regierung mit Gewalt beseitigt, dann rechnet er eben mit der Gewalt des Feindes.‹ Und so ging es immer weiter. Daraus gibt es nur einen Schluß: Hochverrat begeht, wer dem Herrn Freisler nicht paßt. Dann kam Sperr. Der zog sich aus der Kreisauer Affäre — mit Recht ein wenig auf meine Kosten — einigermaßen heraus. Es wurde ihm aber folgendes vorgehalten: Warum haben Sie nicht angezeigt? Sehen Sie, wie wichtig das gewesen wäre: Der Moltke-Kreis war bis zu einem gewissen Grade der Geist des ›Grafen-Kreises‹, und der wieder hat die politische Vorbereitung für den 20. Juli gemacht. Denn der Motor des 20. Juli war ja keineswegs Herr Goerdeler, der wahre Motor steckte in diesen jungen Männern. — Sperr im ganzen freundlich behandelt.

Nun Reisert. Er wurde sehr freundlich behandelt. Er hat drei Besprechungen mit mir gehabt, und es wurde ihm vor allem zur Last gelegt, daß er nicht schon nach der ersten bemerkt hätte, daß ich ein Hochverräter und schwerer Defätist sei, und dann noch zwei andere Besprechungen mit mir gehabt hätte. Ihm wurde vor allem der Vorwurf gemacht, nicht angezeigt zu haben.

Schließlich Fugger. Der machte einen sehr guten Eindruck. Er war eine Zeitlang elend gewesen und hatte sich nun wieder erholt, war bescheiden, sicher, hat keinen von uns belastet, sprach nett bayerisch und hat mir noch nie so gut gefallen wie gestern. Ganz ohne Nerven, während er hier immer schreckliche Angst gehabt hatte. Er gab sofort zu, daß, nach dem, was ihm heute gesagt worden sei, ihm klar sei, daß er hätte anzeigen müssen, und er wurde so gnädig entlassen, daß ich gestern abend dachte, er würde freigesprochen werden. Hingegen war auch in den anderen Vernehmungen der Name Moltke immerzu zu hören. Wie ein roter Faden zog sich das durch alles durch, und nach den oben angeführten ›Richtsätzen‹ des Volksgerichtshofes war ja klar, daß ich umgebracht werden sollte. Die ganze Verhandlung wird durch das Mikrophon auf Stahlbänder für das Archiv aufgenommen. Du wirst sie Dir also, solltest Du Lust dazu haben, später einmal vorspielen lassen können. Man tritt vor den Tisch, die beiden Polizisten mit, die sich rechts und links auf die beiden Stühle setzen. Für Reisert und mich wurde sofort und ohne daß wir fragten, ein Stuhl bereitgestellt. Schulze, Freisler und Berichterstatter in roten Roben. Typisch nur ein Vorfall. Aus irgendeinem Grunde wurde ein Strafgesetzbuch gebraucht, weil Freisler was daraus vorlesen wollte. Es stellte sich aber heraus, daß keines aufzufinden war.

Nun kommt der zweite Tag. Da fing es mit mir an. In mildem Ton ging es los, sehr schnell, sozusagen rapid. Gott sei Dank, daß ich flink bin und Freislers Tempo spielend mitmachte. Das machte übrigens sichtlich uns beiden Freude. Aber wenn er das bei einem Mann exerziert, der nicht ganz schnell ist, so ist der verurteilt, ehe er bemerkt hat, daß Freisler die Personalien hinter sich gelassen hat. – Bis einschließlich der Besprechung mit Goerdeler und meiner Stellung dazu, durchaus glatt und ohne viel Aufhebens. Dann kam mein Einwand, Polizei und Abwehr hätten davon gewußt. Da bekam Freisler Tobsuchtsanfall Nr. 1. Alles, was Delp zuvor erlebt hatte, war einfach nur Spielerei dagegen. Ein Orkan brach los, er hieb auf den Tisch, lief so rot an wie seine Robe und tobte: ›So etwas verbitte ich mir, so etwas höre ich mir gar nicht an.‹ Und so ging das immerfort. Da ich ohnehin wußte, was rauskam, war mir das alles ganz gleich. Ich sah ihm eisig in die Augen, was er offenbar nicht schätzte, und plötzlich konnte ich nicht umhin, zu lächeln. Das ging nun zu den Beisitzern, die links und rechts von Freisler saßen, und zu Schulze. Den Blick von Schulze hättest Du sehen sollen; ich glaube, wenn ein Mensch von der Brücke über dem Krokodilteich im Zoo herunterspringt, so kann der Aufruhr nicht größer sein. Na schön, damit war das Thema erschöpft.

Nun kam aber Kreisau. Und da hielt er sich nicht lange bei den Präliminarien auf, sondern steuerte schnurstracks auf zwei Dinge los: a) Defätismus, b) das Aussuchen von Landesverwesern. Über beides neue Tobsuchtsanfälle gleicher Güte, und als ich mit der Verteidigung kam, das alles sei aus dienstlicher Wurzel hervorgegangen – dritter Tobsuchtsanfall: alle

Behörden Adolf Hitlers arbeiten auf der Grundlage des Sieges, und das ist im OKW nicht anders als woanders. So etwas höre ich mir gar nicht an, und selbst wenn es nicht so wäre, so hat eben jeder einzelne Mann die Pflicht, selbständig den Siegesglauben zu verbreiten. – Und so in langen Tiraden.

Nun kam aber die Quintessenz: Wer war denn da? Ein Jesuitenpater! Ausgerechnet ein Jesuitenpater! Ein protestantischer Geistlicher, drei Leute, die später wegen Beteiligung am 20. Juli verurteilt worden sind. Und kein einziger Nationalsozialist. Kein einziger. Und da will ich doch nur sagen: ›Nun ist aber das Feigenblatt ab.‹ Ein Jesuitenpater, und ausgerechnet mit dem besprechen Sie Fragen des zivilen Widerstandes. Und den Jesuitenprovinzial, den kennen Sie auch. Und der war auch einmal in Kreisau. Ein Jesuitenprovinzial, einer der höchsten Beamten von Deutschlands gefährlichsten Feinden, der besucht den Grafen Moltke in Kreisau. Und da schämen Sie sich nicht? Kein Deutscher kann doch einen Jesuiten auch nur mit der Feuerzange anfassen. Leute, die wegen ihrer Haltung von der Ausübung des Wehrdienstes ausgeschlossen sind. Wenn ich weiß, in einer Stadt ist ein Jesuitenprovinzial, so ist das für mich fast ein Grund, gar nicht in die Stadt zu gehen. – Und der andere Geistliche. Was hat der dort zu suchen? Sie sollen sich ums Jenseits kümmern, aber uns hier in Ruhe lassen. – Und Bischöfe besuchen Sie. Was haben Sie bei einem Bischof, bei irgendeinem Bischof verloren? Wo ist Ihre Befehlsstelle? Ihre Befehlsstelle ist der Führer und die NSDAP. Für Sie so gut wie für jeden anderen Deutschen, und wer sich seine Befehle in noch so getarnter Form bei den Hütern des Jenseits holt, der holt sie sich beim Feind und wird so behandelt werden. – Und so ging das weiter. Aber das war in einer Tonart, der gegenüber die früheren Tobsuchtsanfälle noch wie das sanfte Säuseln eines Windes waren.

Ergebnis der Vernehmung ›gegen mich‹ – denn zu sagen ›meine Vernehmung‹ wäre Quatsch: ganz Kreisau und jede dazugehörige Teilunterhaltung ist Vorbereitung zum Hochverrat.

Ja, richtig, das muß ich noch sagen: nach diesem Höhepunkt ging es in fünf Minuten zum Schluß: die Unterredungen in Fulda und München, das alles kam überhaupt nicht mehr dran, sondern Freisler meinte, das können wir uns wohl schenken, und fragte: ›Haben Sie noch etwas zu sagen?‹ Worauf ich – nach einigem Zögern leider – erwiderte: ›Nein‹, und damit war ich fertig.

Nun geht es in der Zusammenfassung weiter. Wenn die anderen Leute, deren Namen vorgekommen sind – übrigens nicht in der Verhandlung, denn nachdem die Sache so liegt, haben wir uns alle gehütet, auch nur noch einen Namen zu nennen –, noch nicht verhaftet sind, so vielleicht als quantité négligeable. Werden sie aber verhaftet und haben sie irgendeine Kenntnis gehabt, die über die rein gesellschaftliche Unterhaltung über solche Fragen hinausgeht oder die diese Fragen in Zusammenhang mit einer möglichen Niederlage bringen, so müssen sie mit Todesstrafe rechnen.

Letzten Endes entspricht diese Zuspitzung auf das kirchliche Gebiet dem inneren Sachverhalt und zeigt, daß Freisler eben doch ein guter politischer Richter ist. Das hat den ungeheuren Vorteil, daß wir nun für etwas umgebracht werden, was wir a) getan haben und b) sich lohnt. Aber das ich als Märtyrer für den heiligen Ignatius von Loyola sterbe – und darauf kommt es letztlich hinaus, denn alles andere war daneben nebensächlich –, ist wahrlich ein Witz, und ich zittere schon für den väterlichen Zorn von Papi, der doch so antikatholisch war. Das andere wird er billigen, aber das? Auch Mami wird wohl nicht ganz einverstanden sein.

(Eben fällt mir noch etwas zum Tatbestand ein. Mich fragte er: ›Sehen Sie ein, daß Sie schuldig sind?‹ Ich sagte im wesentlichen: ›Nein‹. Darauf Freisler: ›Sehen Sie, wenn Sie immer noch nicht erkennen, wenn Sie immer noch darüber belehrt werden müssen, dann zeigt das eben, daß Sie anders denken und damit sich selbst aus der kämpfenden Volksgemeinschaft ausgeschlossen haben.‹)

Das Schöne an dem so aufgezogenen Urteil ist folgendes: wir haben keine Gewalt anwenden wollen – ist festgestellt. Wir haben keinen einzigen organisatorischen Schritt unternommen, mit keinem einzigen Mann über die Fragen gesprochen, ob er einen Posten übernehmen wolle – ist festgestellt. In der Anklage stand es anders. Wir haben nur gedacht, und zwar eigentlich nur Delp, Gerstenmaier und ich, die anderen galten als Mitläufer und Peter und Adam als Verbindungsleute zur Schulenburg und so weiter. Und vor den Gedanken dieser drei einsamen Männer, den bloßen Gedanken, hat der Nationalsozialismus eine solche Angst, daß er alles, was damit infiziert ist, ausrotten will. Wir sind nach dieser Verhandlung aus dem Goerdeler-Mist raus, wir sind aus jeder praktischen Handlung raus, wir werden gehängt, weil wir zusammen gedacht haben. Freisler hat recht, tausendmal recht, und wenn wir schon umkommen müssen, dann bin ich allerdings dafür, daß wir über dieses Thema fallen. Ich finde, und nun komme ich zum Praktischen, daß diese Sache, richtig aufgemacht, sogar noch ein wenig besser ist als der berühmte Fall Huber. Denn es ist ja noch weniger geschehen. Es ist ja nicht einmal ein Flugblatt hergestellt worden. Es sind eben nur Gedanken, ohne auch nur die Absicht der Gewalt. Die Schutzbehauptungen, die wir alle aufgestellt haben: Polizei weiß, dienstliche Ursache, Eugen hat nichts kapiert, Delp ist immer gerade nicht dabei gewesen, die muß man streichen, wie sie auch Freisler mit Recht gestrichen hat. Und dann bleibt übrig ein Gedanke: womit kann man im Chaos des Christentums ein Rettungsanker sein? Dieser eine einzige Gedanke fordert morgen wahrscheinlich fünf Köpfe, später noch die von Steltzer, Haubach und wohl auch Husen. Aber dadurch, daß in der Verhandlung das Trio eben Delp, Eugen, Moltke heißt und der Rest nur durch ›Ansteckung‹ dies trägt, dadurch, daß keiner dabei ist, der etwas anderes vertrat – keiner, der zu den Arbeitern gehörte, keiner, der irgendein weltliches Interesse betreute –, dadurch, daß festgestellt ist, daß ich großgrundbesitzfeindlich war, keine Standesinteressen, überhaupt keine eigenen Interessen, ja nicht einmal die meines Landes vertrat, sondern menschheitliche, dadurch hat Freisler uns unbewußt einen ganz großen Dienst getan, sofern es gelänge, diese Geschichte zu verbreiten und auszunützen. Und zwar meines Erachtens im Inland und draußen. Durch diese Personalzusammenstellung ist dokumentiert, daß nicht Pläne, nicht Vorbereitungen, sondern der Geist als solcher verfolgt werden soll ...«

Nun noch einige Worte über die anderen Mitarbeiter des »Kreisauer Kreises«.

Theo Haubach, der Freund Carlo Mierendorffs, war durch und durch politischer Kämpfer, ehemals Führer des Reichsbanners, im Auftreten soldatisch. Er hatte das Wort vom »militanten Sozialismus« geprägt. Er kam von den Jungsozialisten und stieß dann zu jener Gruppe der Religiösen Sozialisten, die die »Neuen Blätter für den Sozialismus« herausgaben. Diese Zeitschrift, begründet von Paul Tillich, erschien merkwürdigerweise noch bis 1934 oder 1935, in schnell wachsender Auflage.

Haubach litt an schweren Nierenkoliken. Die körperlichen Schmerzen erschwerten ihm die Haft. Dennoch klagte er nie, und der Gestapo gegenüber war er standhaft und überlegen. Noch vor seiner Hinrichtung überfielen ihn die Anfälle mit solcher Stärke, daß er sich nicht mehr aufrecht halten konnte.

Dr. Adolf Reichwein war Pädagoge. Er hatte die Volkshochschule in Jena geleitet, ehe er in das preußische Kultusministerium unter Dr. Becker eintrat. Er ging neue Wege der Erziehung und suchte seine Schüler – Kinder und Heranwachsende – durch Erlebnis und Anschauung zu bilden. Seine Bücher sind anschaulich illustriert. Sein Unterricht gipfelte in den Reisen mit seinen Schülern nach Lappland und Finnland.

Die Nationalsozialisten verbannten ihn aus dem Ministerium als Dorflehrer in die Volksschule in Tiefensee. Seine erste Tat war dort die Schaffung eines Schulgartens, in dem jedes Kind selbst mit den Pflanzen umgehen lernen sollte, während seine Frau eine Schulküche für die Mädchen leitete.

Er wurde im Mai 1944 verhaftet und von Gefängnis zu Gefängnis gechleppt. Es gelang mir leider nie, ihn noch zu erreichen. Über seine letzten Tage wissen wir nichts. Wir kennen nur ein paar Bilder, aufgenommen während der Hauptverhandlung des Volksgerichtshofes. Die Fotografien zeigen ihn in seiner sportlichen Straffheit, das Gesicht über jedes menschliche Maß hinaus gespannt, ein Abbild der gemarterten Menschheit.

Adolf Reichwein wurde am 20. Oktober 1944 gehängt ...

Eine der stärksten Persönlichkeiten des »Kreisauer Kreises«, Julius Leber, hingerichtet am 5. Januar 1945, habe ich leider nie kennengelernt. Hier mögen die Worte seiner Frau Annedore Leber stehen, geschrieben 1946 in einer Broschüre: »Den toten, immer lebendigen Freunden, eine Erinnerung zum 20. Juli 1944« (Verlag des »Telegrafs«, Berlin):

»Seit Monaten war das Attentat geplant. Immer erneute Versuche scheiterten schon in der Vorbereitung an der Aussichtslosigkeit ihrer Durchführung. Unter den Getreuesten Stauffenbergs arbeitete man sogar von Mai an mit der Parole, jeder solle einen nach seinem Ermessen möglichen Plan entwerfen. Daß Stauffenberg, der Schwerkriegsverletzte, selbst zum Attentäter werden sollte, hätte niemand vorher vermutet. Er hatte im Afrikafeldzug die rechte Hand bis zum Unterarm, die linke halb und ein Auge verloren.

Zweimal wurde zwischen dem 5. und 20. Juli der Termin für das Attentat von Stauffenberg festgesetzt. Zweimal wurde sein Plan durch widrige Umstände durchkreuzt. Kurz vor dem 20. hatte er eine stürmische Unterredung mit Trott zu Solz, wo er in höchster Erregung unzählige Male rief: ›Wir brauchen Leber, ich hole ihn raus, und ich hole ihn raus.‹ Bestimmt ist Freisler, der Präsident des Volksgerichtshofes, kein

Zeuge für uns. Und doch ist es nicht uninteressant, daß er, der die Prozesse vom 20. Juli führte, in einem Vortrag vor kleinem Kreis Leber als die stärkste Erscheinung am politischen Firnament schilderte …

Einer kurzen Erwähnung bedarf noch die Rolle Adams von Trott zu Solz. Als Mitglied des Auswärtigen Amtes war er in der Lage, ins Ausland zu reisen. Er beriet sich vor jeder Auslandsreise genauestens mit Leber und Stauffenberg. Durch Trott versuchte man ebenfalls früher und noch zuletzt über Schweden ein Friedensangebot der Aufständischen nach England weiterzuleiten.

Von entscheidender Wichtigkeit wird aber noch die Feststellung sein, daß man sich damals schon der Notwendigkeit einer absoluten Kapitulation voll bewußt war. Aber man hoffte, das Elend des dahintreibenden Krieges abzukürzen und durch die Überwindung des nationalsozialistischen Systems eine auch von dem Ausland anzuerkennende und zur Verhandlung fähige Regierung schaffen zu können …

Gewiß lag es im Umstand der Zeit, daß man nicht vollen Überblick über die Mitwirkenden der eigenen Partei oder gar der Gruppen anderer politischer Richtungen erhielt. Doch was störte das! Während man aber in jedem politischen Akteur den Freund, den Mitstreiter, den im Ziel und Wunsch Gleichgesonnenen sah, wurde das Militär niemals als Bündnispartner, sondern nur immer als der notwendige Machtfaktor zur Erringung der erstrebten Zukunft angesehen …

›Für eine so gute und gerechte Sache ist der Einsatz des eigenen Lebens der angemessene Preis. Wir haben getan, was in unserer Macht gestanden hat. Es ist nicht unser Verschulden, daß alles so und nicht anders ausgegangen ist.‹ Das war der letzte Gruß Lebers an seine Freunde.

›Es stirbt sich nicht leicht, wenn man Frau und Kind zurückläßt‹, sagte Danton auf dem Schafott zu dem Scharfrichter, der ihn wegen der Träne, die ihm aus dem Auge rann, verspottete.«

Hohes geistiges Niveau hatte der junge Jesuitenpater Delp. Seine geistlichen Arbeiten sind unter dem Titel »Christ und Gegenwart« im Verlag Josef Knecht, Carolus-Druckerei, Frankfurt a. M., erschienen. Der 1947 veröffentlichte dritte Band »Im Angesicht des Todes«, geschrieben zwischen Verhaftung und Hinrichtung, beweist seinen geistigen Rang. Ich habe die meisten dieser Manuskripte aus seiner Zelle herausschmuggeln können. Er hatte eine so kleine und unleserliche Handschrift, daß es nur einen Menschen gab, der sie entziffern konnte – seine Münchner Sekretärin. Jetzt, nach der Veröffentlichung, bin ich überrascht, welche Fülle von Arbeit Delp in den wenigen Monaten in Tegel geleistet hat. Während dieser Arbeit drohte die Hinrichtung, und Zahnschmerzen plagten den Häftling. Er blieb gleichmütig und heiter.

Delp war, wie andere Angehörige des »Kreisauer Kreises« – Reichwein, Pater Roesch, Gerstenmaier und auch ich –, nicht aus politischen Gründen zu diesem Kreis gestoßen. Wir waren von kulturellen oder religiösen Anliegen bewegt und entwickelten uns zur Politik. Wir waren überzeugt, daß die Männer des »Kreisauer Kreises«, verschiedenartige Männer, Vertreter einer Generation der aufstrebenden Kräfte, Deutschland erneuern würden ...

An Pater Delp merkte die Gestapo mein Vorhandensein zum erstenmal. Delp wurde eines Tages von einem der vernehmenden Beamten persönlich ins Gefängnis Tegel zurückgebracht und eingeschlossen. Dieser Mann kam zufällig an meiner Tür vorbei und las meinen Namen und den Titel »Evangelischer Pfarrer«. Er erkundigte sich erstaunt, wieso es das noch gäbe, und verfügte, daß Delp weder von einem evangelischen noch von einem katholischen Pfarrer besucht werden dürfte. Die Folge war nur eine engere Zusammenarbeit mit den wenigen Beamten, die ich als aufrichtige Antifaschisten kannte. Sie stellten sich abwechselnd vor die Tür, um mich rechtzeitig warnen zu können, wenn Gefahr im Anzuge war. Die übrigen neunzehn Angehörigen des 20. Juli habe ich dann ungehindert bis zu ihrer Hinrichtung besuchen können, weil alle Beteiligten – wie auf Abmachung – der Gestapo gegenüber von meiner Arbeit schwiegen. Das gilt auch für meine Beteiligung am »Kreisauer Kreis«. Ich bin der einzige, der nicht in der Anklageschrift des »Kreisauer Kreises« genannt worden ist. Eine Reihe von Mitgliedern wurde genannt; sie sind aber nicht verhaftet worden. Ich aber stand nicht in der Liste, wahrscheinlich weil – wie Helmuth von Moltke in seiner humorvollen Art zu sagen pflegte – sich alle durch meine Erhaltung eine Rückversicherung für ihren Gefängnisaufenthalt schaffen wollten ...

Ich habe nur einige subjektive Eindrücke vom 20. Juli wiedergeben können. Das Bild ist – darüber bin ich mir klar – lückenhaft und unvollständig.

Die Nichtbeteiligten

Es ist nicht immer leicht feststellbar, wer zu den Gruppen des 20. Juli gehört hat. Jede Gruppe besaß »Seitenfiguren«, die ideologisch nicht »dazu« gehörten, aber doch in den Prozeß hineingerissen wurden. Ich denke etwa an den Fall des Kaplans Wehrle.

Kaplan Dr. Hermann Josef Wehrle, geboren am 26. Juli 1899, war Beichtvater eines der Angehörigen der Offiziersgruppe, des Barons Leonrod aus München. Diser kam zu ihm mit der Frage, wie die Kirche sich zum Tyrannenmord stelle. Wehrle erwiderte – nach der im Prozeß vor dem Volksgerichtshof vorgetragenen Darstellung –, er müsse sich darüber erst informieren, in acht Tagen würde er Bescheid geben. Nach Ablauf dieser Frist teilte er dann dem Baron mit, daß die Kirche den Tyrannenmord grundsätzlich ablehne. In der Vernehmung sagte Leonrod in diesem Sinne aus, er habe von seinem Beichtvater jenen negativen Bescheid erhalten. Trotzdem wurde Wehrle ermittelt, am 18. August 1944 verhaftet und zum Tode verurteilt. In der Begründung des Todesurteils hieß es, trotz des Beichtgeheimnisses wäre es die Pflicht des Beichtvaters gewesen, eine solche Gefahr für das Leben des »Führers« zu erkennen und den Staatsbehörden mitzuteilen. Leonrod wurde acht Tage nach Wehrles Verhaftung, Wehrle am 14. September 1944 hingerichtet.

So gerieten Menschen, die nur an der Peripherie des politischen Geschehens standen, in den allgemeinen Strudel der Vernichtung. Das galt auch für die Gäste des Hauses Solf. In diesen Gesellschaftskreis hatte der Schweizer Arzt Dr. Reckzeh Eingang gefunden, der sich als Spitzel der Gestapo entpuppte. Er machte der Gestapo Meldung über die Hilfe, die Professor Siegmund-Schultze in Zürich politisch Verfolgten leistete und verriet »defätistische« Äußerungen der Gäste bei den »politischen Tees« der Frau Solf. Es kam daraufhin zu Verhaftungen und zu Todesurteilen gegen den Gesandten Kiep, Frau von Thadden und viele andere. Fast alle Teilnehmer dieses Kreises kamen ums Leben; als einer der letzten noch durch Erschießung Geheimrat Kuenzer vom Auswärtigen Amt. Zu den wenigen Überlebenden gehören Frau Solf, die Witwe des früheren deutschen Gesandten in Tokio, und ihre Tochter, Gräfin Ballestrem. Ich habe die beiden Frauen oft im Gefängnis besucht. Sie sind der Meinung, daß sie ihre Rettung einer Intervention der Japaner zu verdanken haben.

Frau Dr. Elisabeth von Thadden, die frühere Leiterin einer Wohlfahrtsschule, war eine ungewöhnlich kluge Frau und ernste Christin. Ich sah sie nur in ihrer Todesstunde und war durch ihre gelassene und entschlossene Haltung beeindruckt.

Gesandter Kiep wurde lange Zeit in den Gefängnissen »aufgehoben«. Wir rechneten schon mit seiner Erhaltung, natürlich ohne Grund. Die Gestapo verzögerte seine Hinrichtung, weil sie hoffte, aus ihm Material über die Verschwörung des 20. Juli herauszupressen. Durch Kiep war ja auch Moltke und der »Kreisauer Kreis« in das Scheinwerferlicht der Gestapo geraten.

Kiep verschwand plötzlich aus der Anstalt Plötzensee. Er kam, wie sich nachher herausstellte, in die Prinz-Albrecht-Straße. Dort war er den schwersten Mißhandlungen ausgesetzt.

Ich traf ihn wieder in Plötzensee, am Vormittag seines Todestages. Er war körperlich am Ende. Er erzählte mir, er habe unter der Qual der Folterungen unterschrieben, daß er von den Vorbereitungen des Attentats gewußt hätte. In Wahrheit hatte man ihn überhaupt nicht eingeweiht oder beteiligt. Am Nachmittag wurde er gehängt.

Ebensowenig wie Kaplan Wehrle oder Gesandter Kiep gehörten viele Frauen der Verschwörer zu den Beteiligten. Sie waren fast alle in »Sippenhaft«.

Ich besuchte im Oktober 1944 etwa dreißig Frauen im Gefängnis Moabit; fast in allen Fällen hatte man die Kinder verschleppt. Die Mütter wußten nicht, wo die Kinder waren, und fürchteten das Schlimmste. Andere, wie Frau von Haeften, Hans-Bernd von Haeftens Witwe, hatte man von ihren Kindern weggerissen, obwohl sie die Mutter noch nötig brauchten. Es spielte für die Gestapo keine Rolle, daß die Mutter das kleinste Kind stillte. Die Gestapo wollte noch Geständnisse aus den verängstigten Frauen herauslocken.

Eine große Hilfe für uns war die stille, aufopfernde Arbeit der Ärztin Dr. Westrick in der Frauenabteilung Moabit. Sie hielt – bei dem völligen Versagen der offiziellen ärztlichen Versorgung unter den Fliegerangriffen – regelmäßig Sprechstunden ab, unterhielt sich eingehend mit den gefangenen Frauen und besorgte auch noch mit eigenen Mitteln Medikamente und Proviant.

Immer wieder mußte ich die Frauen vom Tod ihrer Männer unterrichten. Ich bemühte mich um die schonendste Art. Selbst die furchtbarste Wahrheit war in der Regel besser zu ertragen als die quälende Ungewißheit.

Nur in einem Falle wagte ich es nicht, die Todesbotschaft zu übermitteln – im Falle der Frau Elsas. Sie war die Frau des Berliner Bürgermeisters Dr. Fritz Elsas und saß mit einer ihrer Töchter, die von ihr getrennt gehalten wurde, seit dem 4. September in Moabit. Sie drohte unter ihrer seelischen Belastung zusammenzubrechen und konnte nur noch mit guten ärztlichen Mitteln aufrechterhalten werden. Ihr Mann, ein Freund Goerdelers, Fritz Elsas, war als Jude ohne jedes Gerichtsverfahren liquidiert worden. Die Gestapo hatte ihn am 10. August verhaftet und verschleppt. Wahrscheinlich ist er in Sachsenhausen ermordet worden. Die letzte Nachricht von ihm war eine Bekanntmachung des »Deutschen Reichsanzeigers« vom 18. Januar 1945:

»Auf Grund des § 1 des Gesetzes über die Einziehung kommunistischen Vermögens in Verbindung mit dem Gesetz über die Einziehung volks- und staatsfeindlichen Vermögens vom 14. Juli 1933, RGBl. I Seite 479, dem Runderlaß des Reichsministers des Innern vom 14. Juli 1932 – I 903/42 – 5 400 – HBliV. vom 22. Juli 1942, Seite 1 481 – über die Änderung der Zuständigkeit bei der Einziehung kommunistischen Vermögens in Berlin und dem Erlaß des Führers und Reichskanzlers über die Verwertung des eingezogenen Vermögens von Reichsfeinden vom 29. Mai 1941 – RGBl. I Seite 303 – wird der gesamte Nachlaß des Juden Fritz Israel Elsas, geb. 11. Juli 1890 in Stuttgart, zuletzt wohnhaft gewesen Berlin-Dahlem, Patschkauer Weg 41, zugunsten des Deutschen Reiches eingezogen.

Geheime Staatspolizei — Staatspolizeileitstelle Berlin
gez. Senne«

Der Sohn von Elsas, Peter, verschwand im Konzentrationslager Buchenwald. Die zweite Tochter konnte sich dagegen noch schnell in die Illegalität retten. Doch aus Sorge um die kränkliche Mutter fand sie den verzweifelten Mut, bei der Gestapo in Berlin vorzusprechen und die Freilassung der Mutter zu fordern. Beim dritten Besuch in der Prinz-Albrecht-Straße wurde sie dabehalten. Sie kam, selbst schwer krank, in das jüdische Krankenhaus und wurde geschlagen. Dann brachte man sie ins Konzentrationslager Ravensbrück ...

Ähnlich lag der Fall der Familie Gloeden. Der Mann, auch ein Freund Goerdelers, seine Frau und deren Mutter wurden verhaftet und hingerichtet.

In Sippenhaft befanden sich: Gräfin Marion Yorck von Wartenburg; Frau Sperr, die Frau des bayerischen Diplomaten; Frau von Haeften geb. Curtius; Frau und Tochter des Berliner Stadtkommandanten von Hase. Hases Sohn kam als Soldat in ein anderes Gefängnis. Ein kleiner Nachkömmling war ebenso verschwunden wie die Kinder der anderen Teilnehmer des 20. Juli. Unter den Frauen traf ich ferner die Töchter der Generale von Hammerstein und von Halder, die Schwester von Gisevius und Frau Annedore Leber. Schwer unter der Haft litten Frau Landwehr, Frau Schulze-Böttcher und Frau Frank-Schulz. Die blutjunge Frau von Trott grämte sich um das ungewisse Schicksal ihrer beiden Kinder.

Da ihnen allen nichts nachgewiesen werden konnte, entließ man sie ziemlich rasch nacheinander. Eine Gruppe der Frauen wurde plötzlich in geheimnisvoller Weise abtransportiert und landete im Riesengebirge. Eine andere Gruppe kam nach Buchenwald und Dachau. In Österreich wurde der größte Teil dieser Sippenhäftlinge von den Alliierten befreit, aber nicht in die Heimat entlassen, sondern auf Capri interniert. Von dort wurden sie mit dem Flugzeug nach Paris gebracht und schließlich in Frankfurt am Main entlassen. Isa Vermehren hat diese abenteuerliche Fahrt der Frauen in ihrem Buch »Reise durch den letzten Akt« (Christian Wegner Verlag, Hamburg) geschildert.

Aus ungeklärten Gründen war Gräfin Moltke nicht verhaftet worden. Sie hatte durch meine Vermittlung Gelegenheit, ständig mit ihrem Mann in Verbindung zu bleiben. Auch ihre Kinder sind nicht verschleppt worden.

Von den übrigen Kindern erfuhr man später, daß sie in einem Kinderheim im Harz untergebracht waren. Sie durften aber ihre Familiennamen nicht mehr führen. Ihre Herkunft sollte in keinem Fall erkennbar werden. Ich halte die Absicht der Gestapo für wahrscheinlich, die Kinder schließlich in anderen Familien untertauchen zu lassen, um — wie es in der nationalsozialistischen Sprache hieß — »die Sippe für ewig auszulöschen«.

Die letzten Vollstreckungen

Der letzte Abschnitt meiner Tätigkeit als Gefängnisgeistlicher begann. Die Männer des 20. Juli, die noch übriggeblieben waren, warteten auf ihren Tod. Ihre Schar wurde immer kleiner. Einer nach dem anderen fiel den Henkern zum Opfer.

Am 12. Oktober 1944 wurde der Rechtsanwalt Karl Langbehn hingerichtet. Sein Fall war ungewöhnlich. Er galt als Freund und Beauftragter Himmlers. Dietrich Bonhoeffer (Lektor für systematische Theologie an der Universität Berlin, Vorkämpfer der Bekennenden Kirche, nach vierzehn Monaten Gefangenschaft in Tegel und bei der Gestapo im Konzentrationslager Flossenbürg am 9. April 1945 auf Himmlers Befehl ermordet) erzählte mir davon aus seinen Erfahrungen im Kreise des Admirals Canaris, Chefs des militärischen Spionage- und Abwehrdienstes. Langbehn habe im Auftrage Himmlers aus der Schweiz ein Telegramm nach England über die Einleitung von Friedensverhandlungen gesandt. Dieses Telegramm sei von der deutschen Abwehr aufgefangen worden und auf direktem Wege an Hitler gelangt. Himmler habe, zur Rede gestellt, Langbehn sofort fallen und verhaften lassen.

Ich versuchte, Langbehn zur Preisgabe seines Geheimnisses zu bewegen. Vergeblich. Er verhielt sich ablehnend und zurückhaltend. Diese Haltung hatte er auch offenbar der Gestapo gegenüber angewandt. Er wurde so mißhandelt, wie wohl kaum ein anderes Opfer zuvor. Am Tage nach der Hinrichtung Langbehns sagte mir der gewiß nicht sentimentale Scharfrichter, er sei über die Spuren der Mißhandlungen am nackten Körper Langbehns erschrocken gewesen. Unter allen »Figuren«, die er hingerichtet habe, sei ihm so etwas noch nicht vorgekommen ...

Am 13. Oktober holten die Henker Friedrich Scholz-Babisch und Georg Schulze-Büttger. Mit diesen beiden Männern war ich noch kaum in Fühlung gekommen.

Dagegen hatte ich viele, meist religiöse Gespräche mit dem Botschafter in Moskau, dem Grafen von der Schulenburg. Er war ein alter Mann mit einem durcharbeiteten Gesicht, müde, resigniert und dankbar für jede kleinste Freundlichkeit. Meine Besuche bei ihm tragen in meiner Erinnerung typischen Novembercharakter. Es war in seiner Zelle dunkel, man konnte kaum eine Zeile lesen. Als es soweit war, ging Schulenburg in gelassener Haltung in den Tod. Er starb am 10. November.

Zwanzig Tage später, am 30. November, wurde Professor Peter Jessen abgeholt. Ich habe die ungeheure Energie bewundert, mit der er, trotz körperlicher Schmerzen, arbeitete. Er ließ es sich nie anmerken, wie schlecht es ihm ging.

Vier Tage vor Weihnachten, am 20. Dezember 1944, mußte sich Wenzel-Teutschenthal zum Abtransport nach Plötzensee bereithalten. Ich sehe ihn noch vor mir, bedächtig die vier Treppen von dem obersten Zellenflur heruntersteigend. Er trug den schweren Pelz, den er noch behalten hatte. Ohne ein Zeichen der Erregung stieg er in den Wagen, der ihn zur Hinrichtungsstätte bringen sollte.

Am 23. Januar 1945 starb der beste Mann des »Kreisauer Kreises« — Helmuth James von Moltke. Auch er wurde gehängt. Über seinen Tod mag ein Teil meines Briefes Auskunft geben, den ich am 22. August 1945 an seinen Schwager schrieb:

»Helmuth hat unter der Spannung gelitten, leben zu wollen und auch immer noch an eine gewisse Chance für eine Begnadigung glauben zu können und zugleich stündlich für den Tod bereit zu sein; auf der einen Seite machte er Pläne für weitere Gesuche und Interventionen bei Himmler und seinen Leuten, auf der anderen Seite hatte er den Abschied vollzogen und vollzog ihn ständig in all den täglichen Briefen, die er mit Freya wechselte. Eine Spannung, die im Laufe der langen Zeit fast über das hinausging, was ein Mensch ertragen kann. Zweimal kamen auch als Reaktion schwere Depressionen, aber er überwand sie und wurde darin nur reifer und tiefer. Er wuchs ja in diesen Monaten immer tiefer in das Christentum hinein und kämpfte sich immer wieder durch, das, was Unglück, Politik oder menschliche Bosheit heißen konnte, als Gottes Hand zu sehen und so innerlich zu überwinden. Er las in den letzten Monaten kein anderes Buch als Bibel und Gesangbuch. Besonders in diesem entdeckte er wahre Schätze an Tiefsinn und Trost und ließ Freya daran teilnehmen.

Am 23. Januar war ich noch gegen elf Uhr bei ihm und tauschte Briefe – als ich dann gegen ein Uhr noch einmal rasch in seine Zelle hineinschauen wollte, wie ich es meistens tat, war die Zelle leer. Man hatte ihn plötzlich nach Plötzensee überführt. Als ich gleich dort anrief, war er noch nicht da, wurde aber jeden Augenblick erwartet, und mein katholischer Kollege Buchholz erklärte sich gleich bereit, in das Todeshaus hinüberzugehen. Er konnte ihn noch grüßen und hat Freya dann berichtet, daß er ganz gefaßt, ja mit einer inneren Heiterkeit seinen letzten Weg gegangen ist, fertig zum Sterben, fertig mit dem Abschied von seinem so sehr geliebten Söhnchen und von Freya, die er ja noch zweimal hatte sehen dürfen. Einmal konnten sie auch noch zusammen das heilige Abendmahl feiern.« …

Moltke ging seinen Weg nicht allein. Am selben Tag starben mehrere bedeutende Persönlichkeiten: Theodor Haubach; der frühere Staatspräsident von Württemberg Eugen Bolz; der Studienrat Hermann Kaiser; der katholische Gewerkschaftsführer und Bergarbeiter Nicolaus Groß; der bayerische Oberst Franz Sperr; Ludwig Schwamb; Busso Thomae; Reinhold Frank und der Staatssekretär Erwin Planck, der Sohn des großen Gelehrten. Bis zuletzt hatte man gehofft, daß der Einfluß des Vaters und sein internationaler wissenschaftlicher Ruf den Sohn retten würden. Angeblich hatte Himmler auch die Absicht, ihn zu begnadigen, wurde aber durch einen ausdrücklichen Führerbefehl daran gehindert …

Am 1. Februar 1945 wurden der frühere Finanzminister Dr. Popitz, der Jesuitenpater Delp und Dr. Goerdeler gehängt.

Popitz war einer der differenziertesten und gebildetsten Menschen, denen ich begegnet bin. Dabei war er bescheiden und anspruchslos. Seine letzte Sorge galt seinen Kindern.

Seine politische Rolle ist stark umstritten. Man berichtet, er habe den absurden Plan gehabt, Himmler für die Beseitigung Hitlers zu gewinnen. Es hätte auch eine Aussprache mit Himmler stattgefunden. Himmler sei dadurch »ins Bild« gesetzt worden. Er habe dann – seine Doppelrolle geschickt spielend – zunächst abgewartet und erst zugegriffen, als das Attentat mißlang. Himmler fühlte sich in jedem Fall als Nachfolger Hitlers …

Von Delp erzählte ich schon. Im Gefängnis erst erhielt er die Weihe zum Pater. Es war seine letzte große Freude. Er lebt in meinem Gedächtnis als frischer und nüchterner Mensch von großer geistiger Leidenschaft.

Goerdeler war der Gestapo viel später in die Hände gefallen als die anderen Beteiligten. Am Nachmittag des 20. Juli hatte er eine Besprechung im Hotel Esplanade in Berlin. Hier erfuhr er durch den Rundfunk vom mißglückten Attentat. Es scheint, daß Goerdeler über den Zeitpunkt des Attentats nicht unterrichtet war. Jedenfalls war der »zivile Kreis« um Goerdeler in keiner Weise gesichert. Nicht die geringsten Vorsichtsmaßnahmen hatte man getroffen. Kein Flugzeug stand für Goerdeler bereit, und er besaß keinen Auslandspaß. Er irrte wie ein gehetztes Tier in Berlin umher und fand vorübergehend bei seinem Freund Dr. Elsas in Dahlem Obdach. Aber auch Elsas schwebte in höchster Gefahr, Goerdeler mußte sich an anderen Stellen versteckt halten. Dann flüchtete er nach Ostpreußen und wurde durch eine Denunziantin der Gestapo verraten.

Die Gestapo hatte ihn bis zuletzt »aufgespart«. Sie wollte aus ihm das Letzte über die Beteiligten des 20. Juli herauspressen. Goerdeler war nie zu sehen und blieb immer in der Prinz-Albrecht-Straße. Man hörte von ihm durch andere Häftlinge, die mit ihm im Luftschutzkeller gewesen waren und nach Tegel verlegt wurden. Wurde Goerdeler gefoltert?

Im allgemeinen wandte die Gestapo sehr verschiedene Mittel an, um Aussagen zu gewinnen. Sie ging streng individuell vor. Es gab körperliche und seelische Foltern. Moltke beispielsweise ist nie angerührt worden. Die Methode Moltke gegenüber bestand in der Drohung, Frau und Kinder verschwinden zu lassen. Er hatte den Eindruck, daß man seinem Gefängnisessen Pervitin beigemischt habe. Pervitin hat die Wirkung, ein gesteigertes Geltungsbedürfnis hervorzurufen. Es ist höchst wahrscheinlich, daß man auch Goerdeler auf solche und ähnliche Art »aussagewillig« gemacht hat.

Mit dem 1. Februar 1945 hörten die Erhängungen von Angehörigen des 20. Juli in Plötzensee auf, soweit ich mich auf meine Aufzeichnungen verlassen kann. Am 3. Februar wurde die treibende Kraft des Mordens, Roland Freisler, durch eine Fliegerbombe getötet. Berichtet wird, daß zwischen dem 1. Februar und dem 1. März 1945 noch acht weitere Exekutionen bei Nacht stattgefunden haben sollen. Die Namen sind aber unbekannt. Für den 9. April 1945 ist nur der Name von Kleist notiert. Näheres darüber weiß ich nicht.

Abgesehen von diesen offiziellen Hinrichtungen wurden in

ganz Deutschland Menschen vernichtet. Die Standgerichte der SS, der Wehrmacht und des Volkssturmes arbeiteten fieberhaft. Man kann sagen, daß bis zum letzten Augenblick des »Dritten Reiches« erschossen und gehängt wurde. Die letzten Hinrichtungen geschahen unter dem Geschützdonner der heraneilenden verbündeten Armeen.

Die Befreiung

Mit dem Zusammenbruch des Hitler-Systems hörte auch meine Tätigkeit als Gefängnispfarrer in Tegel auf. Die Anstalt wurde aufgelöst. Den Zusammenbruch erlebte ich in Süddeutschland. Ich war nicht mehr Zeuge, wie die Rote Armee die noch übriggebliebenen Gefangenen »meiner« Gefängnisse befreite. Ich gebe einem Augenzeugen das Wort.

Ernst Niekisch, der führende Kopf des »Widerstandskreises«, wie durch ein Wunder mit dem Leben davongekommen, schildert die dramatischen letzten Tage und Stunden des Zuchthauses Brandenburg vor und nach der Übergabe. Niekisch war, nach zwei Jahren Untersuchungshaft, am 10. Januar 1939 wegen »Vorbereitung zum Hochverrat« und »Fortführung einer verbotenen Partei« zu lebenslänglichem Zuchthaus verurteilt worden. Er hat sechs Jahre im Zuchthaus Brandenburg verbracht. Hier sein Bericht über die letzte Phase:

»Mitte April 1945 hören wir Kanonendonner. Es heißt, die Amerikaner kommen über die Elbe. Die Freude ist groß, wir erwarten die baldige Befreiung. Doch das Geschützfeuer verstummt bald. Die Amerikaner haben sich zurückgezogen.

Am 20. April kommt es zur letzten großen Metzelei im Zuchthaus Brandenburg. Eine Kommission des Volksgerichts ist erschienen und sucht dreißig Mann willkürlich zur Hinrichtung heraus. Sie werden mit der Guillotine enthauptet. Unter den Opfern sind: Herbert Mumm von Schwarzenstein, ein Angehöriger des Auswärtigen Amtes, und Oberlandesgerichtspräsident Dr. Draeger.

Am 21. April läßt der Anstaltsleiter Dr. Thümmler die Guillotine in der Havel versenken. Die Russen rücken auf Brandenburg vor.

Die Stadt wird schwer umkämpft. Aus unseren Gitterfenstern sehen wir die Entwicklung des Gefechtes, das Heranrükken der russischen Panzer. Es verbreitet sich das Gerücht, es seien Verhandlungen im Gange, man wolle die Anstalt schonen.

Der 26. April ist mir als ein besonders schöner, sonniger Tag in Erinnerung. Ich werde auf den Hof getragen. Ich bin schwer krank, seit Jahren im Krankenhaus des Zuchthauses untergebracht und kann nur liegend fortbewegt werden. In den letzten Monaten hat man mich rücksichtsvoll behandelt.

Die Stimmung unter dem Gefängnispersonal ist sehr schwankend geworden. Einige Hauptwachtmeister äußern sich gegen Hitler. Sie wollen, ich solle mit dem Gefängnisarzt Medizinalrat Dr. Gericke sprechen. Er ist erst kurze Zeit im Zuchthaus tätig. Gericke gilt als ein weitgereister Mann. Unser Gespräch erscheint mir bemerkenswert:

Er: Jetzt werden Sie ja bald befreit!

Ich: Ja, sehr wahrscheinlich.

Er: Das deutsche Volk war einem so großen Mann wie Hitler nicht gewachsen.

Ich: Hm.

Er: Das russische Volk brachte die größten Opfer, als Stalin es aufrief. Die Deutschen taten das nicht.

Ich: Wie?! Die Deutschen brachten nicht genug Opfer für ihren ›Führer‹?!

Er: Nein, Hitler war für das deutsche Volk zu groß!

Ich: Vergessen Sie nicht, was für Reserven die Russen noch

hinter Stalingrad hatten. Deutschland ist jetzt auf einige Kilometer zusammengeschrumpft.

Er: Halten Sie Hitler nicht für groß?

Ich: Ich halte ihn für den größten Verbrecher!

Er: Hüten Sie sich, wenn ein Umschwung kommt, könnten Sie noch umgebracht werden! ...

In der Frühe des 27. April besetzten die Russen die Landesirrenanstalt von Brandenburg. Sie ist zehn Minuten vom Zuchthaus entfernt.

Das Zuchthaus liegt jetzt im Niemandsland. Die Granaten rauschen über uns hinweg.

Am gleichen Tage werden im Zuchthaus die Zellen aufgeriegelt. Die Gefangenen bilden eine Kommission. Sie will den Direktor bewegen, die Zivilkleidung herauszugeben. Thümmler weigert sich. Ich werde im Krankenhaus in das Zimmer der Wachtmeister gebracht. Die Beamten sind verzweifelt. Ich muß sie trösten. Einige der Beamten, die ein schlechtes Gewissen haben, sind bereits verschwunden.

Um elf Uhr: die Zellen werden wieder verriegelt. Es gibt großen Krach unter den Gefangenen. Die Politischen fürchten, noch im letzten Moment ermordet zu werden. Doch der Einschluß hat andere Gründe. Der Zuchthausdirektor und die leitenden Beamten wollen unbeobachtet flüchten – Richtung deutsche Front. Sie haben Angst, die Gefangenen würden sie gewaltsam zurückholen.

Um zwölf Uhr: Die Zellen werden aufgeschlossen. Die Leitung der Anstalt haben der protestantische Geistliche Bartz und der Anstaltslehrer Reichel übernommen. Die Russen verlangen die Übergabe der Anstalt. Der Geistliche ersucht um die Erlaubnis zur Kapitulation. Sie wird gegeben. Er geht mit einer weißen Fahne der Roten Armee entgegen.

Um zwei Uhr: Ein ungeheurer Lärm in der Anstalt. Die Höfe voll mit Gefangenen. Die russischen Soldaten werden jubelnd empfangen. Sie öffnen sofort alle Zellen, auch die Zellen der Kriminellen. Die nutzen die Situation aus und plündern

Vorräte und Kleider. Die Politischen bilden gleich einen Schutzdienst. Es gelingt allmählich, die Kriminellen wieder festzusetzen. Am Abend herrscht Ruhe.

Zu uns ins Krankenhaus kommt ein russischer General. Er hält eine kleine Ansprache. Er sagt, die Rote Armee sei nicht gekommen, um das deutsche Volk zu vernichten, sondern um Deutschland von Hitler und dem Faschismus zu befreien.

Erstaunlich ist, woher die Gefangenen so rasch rote Fahnen haben. Züge mit roten Fahnen bewegen sich durch die Höfe. Man singt die Internationale. Die Begeisterung kennt keine Grenzen.

Keinem Wachtmeister wird ein Haar gekrümmt. Erst in den nächsten Tagen werden die Beamten zum Teil von den Russen gefangengenommen und weggeschafft. Den Beamten, die sich anständig gehalten hatten, geschieht nichts.

Es wird fettes Essen verteilt. Die ungewohnte gute Kost führt zu vielen Magenerkrankungen.

Am 28. April: Das Gerücht geht um, die Deutschen wollen die Anstalt bombardieren. Brandenburg ist noch nicht gefallen. Die Russen ordnen die Räumung des Zuchthauses an. Sie wird nach dem Mittagessen vorgenommen. Im großen Treck zieht die Schar der Gefangenen über Nauen nach Berlin.

Ich werde nach der Befreiung zum katholischen Geistlichen Scholz getragen. Ich fühle mich sehr schwach und erhalte Rotwein. Später werde ich in einem Pferdefuhrwerk nach Berlin transportiert.

Die Rote Armee befreit etwa 3500 Gefangene aus dem Zuchthaus Brandenburg.«

Epilog

Es mag sein, daß nach allem diesem gefragt wird: Was ist aus dem Mann geworden, der Zeuge von tausend Hinrichtungen war? Wie hat er sich dabei entwickelt? Mußte er nicht stumpf, kalt und zynisch werden?

Einer meiner geistlichen Kollegen brach unter dem Eindruck der ersten Hinrichtungen, im Jahre 1935, auf der Kanzel zusammen. Er meldete sich zum Militärpfarrdienst, nur, um nichts mehr – wie er meinte – von der Mordjustiz zu hören. Aber er mußte den Erschießungen beiwohnen. Ich blieb bei meiner Aufgabe, doch ich wurde nicht gleichgültig. Jeder Tod war mir ein tiefer Schmerz. Ich sah in keinem Verurteilten den »Fall«, sondern den Menschen, die Persönlichkeit, ein Geschöpf Gottes.

In den ersten Jahren litten meine Nerven. Ich hatte oft Angstzustände. Mich bedrängte ein gewisser Reinigungszwang, das Gefühl, alle diese Dinge der Nacht, des Todes, abwaschen zu müssen. Auch damit wurde ich fertig. Je länger ich meinen Beruf ausübte, um so stärker spürte ich: Das hier ist meine Stelle, meine Aufgabe.

Und als dann die reifen und wertvollen Menschen, die geistigen und politischen Widerstandskämpfer meine Hilfe brauchten, begriff ich, daß ich nicht allein der gebende Teil war. Sie gaben mir, in ihren letzten Stunden vor dem Tode, das Letzte und Innerste an Menschentum. So erfuhr ich das Wort von Christian Morgenstern an mir, und es begleitete mich durch die langen Gefängnisjahre:

»Und sie werden an dir bauen
Unverwandt wie du an ihnen,
Und hinfort in einem Schauen
Werdet ihr wetteifernd dienen.«

Die Schau des menschlichen Lebens mit allen seinen Hintergründen danke ich den Opfern. Sie hatten aus ihrem Gewissen heraus gelebt und waren für die Freiheit des Gewissens gestorben. Wenn ich ihnen gegenübertrat, so tat ich dies als Christ, ganz gleich, ob sie sich zum Christentum bekannten oder nicht. Sobald zwischen uns klarwurde, es ginge nicht um Formen und Dogmen, sondern um die Frage des Gewissens – fielen zwischen uns die Hemmungen der Konvention, des Ehrgeizes, der Rücksicht. Wir waren uns nah.

Ich habe die Erfahrung gewonnen, daß diese Männer und Frauen Vergebung brauchten, die Vergebung anderer Menschen, denen sie in ihrem Leben nicht gerecht geworden waren, oder Gottes Vergebung. In den letzten illusionslosen Gesprächen mit den Todgeweihten wurden Kräfte jenes Friedens lebendig, der höher ist als alle Vernunft, mächtiger als die Furcht vor dem Richter und dem Beil und dem Strick des Henkers.

Inhalt

Der Auftrag *7*
Gefängnispfarrer *10*
Der Auftakt *14*
Das Mordregister *17*
Die Guillotine *25*
Die Erschießungen *31*
Die Todeszelle *40*
Die Schreckensnächte *46*
Die Rote Kapelle *50*
Einzelfälle *82*
Der 20. Juni *94*
Die Nichtbeteiligten *120*
Die letzten Vollstreckungen *125*
Die Befreiung *130*
Epilog *134*